粮油市场报

"中国粮油书系"编辑委员会

主　任｜邱清龙
副主任｜陶玉德
委　员｜邱清龙　陶玉德　刘新寰　姚大英
　　　　徐劲松　李　平　裴会永　郭清保

主　编｜陶玉德
副主编｜刘新寰　裴会永

《百家说粮》
　编　纂　任　敏　白　俐

《赢在五谷》
　编　纂　王　娜

《农经观察》
　编　纂　石金功

《水煮粮史》
　编　纂　王丽芳

《粮战演义》
　编　纂　王丽芳

LIANGZHAN YANYI

粮战演义

（下）

主　编　陶玉德
副主编　刘新寰　裴会永
编　纂　王丽芳

河南大学出版社
·郑州·

图书在版编目（CIP）数据

粮战演义. 下 / 陶玉德主编. — 郑州：河南大学出版社，2018.1
ISBN 978-7-5649-3212-1

Ⅰ. ①粮… Ⅱ. ①陶… Ⅲ. ①战争史－中国－古代－通俗读物 Ⅳ. ①E291-49

中国版本图书馆CIP数据核字（2018）第025565号

责任编辑	柳　涛　姚占伟
责任校对	李　慧
封面设计	王　勃

出版发行	河南大学出版社
	地址：郑州市郑东新区商务外环中华大厦2401号　　邮　编：450046
	电话：0371-86059712（高等教育与职业教育出版分社）
	0371-86059701（营销部）
	网址：www.hupress.com
印　刷	开封日报社印务中心
版　次	2018年3月第1版
开　本	710mm×1000mm　1/16
字　数	184千字
印　次	2018年3月第1次印刷
印　张	12
定　价	30.00 元

（本书如有印装质量问题，请与河南大学出版社联系调换）

总　　序

广阔天地大有文章

一晃就是六个春秋。历经六年多时间的沉淀,"中国粮油书系"第二卷与大家见面了。

从种植、流通到加工、消费,围绕这一主题,单学科、单作物品类的图书并不少见,但对粮食经济全面的关注却一直是"被遗忘的角落"。2011年,由《粮油市场报》策划出品的"中国粮油书系"(第一卷)面市,填补了这片空白。书系的亮相在业内外引起热烈反响,并于次年再版。

六年风雨跌宕,六年硕果累累。这六年间,中国粮食持续丰产丰收,粮食科研成果捷报频传,粮食产业经济新风扑面,种植结构调整全面铺开,粮食市场化改革破冰前行,水土污染治理突破瓶颈……一项项发轫于田间的"经验"强势绽放,一批批期待已久的"深改"渐次落地,之前被视为"硬骨头"的诸多难题得以有效解决。中国粮食人将责任扛在肩上,撸起袖子加油干,深耕细作不放松,在时代接力中不断实现自我超越,不仅为新常态下稳增长、调结构、促改革、惠民生奠定了重要基础,而且让世界多国分享了中国五谷的芳香,为世界粮食安全提供了中国智慧和中国路径。

成就来之不易,可喜可赞。但我们也清醒地看到国内粮食"三高"叠加,多重矛盾交织,农业供给侧结构性矛盾仍然突出,谁来种、怎样种之困仍未化解,各种不确定性、不平衡性问题依然存在。特别是随着人口增长、生活水平提高、城镇化推进,对粮食生产和"舌尖上的安全"提出新的更高的要求。守住、管好"天下粮仓"任重道远,需要时刻绷紧这根弦。

作为中国粮油行业唯一一份报纸,《粮油市场报》自1985年创刊以来,始终肩负"为耕者谋利,为食者造福"的使命,以笔为犁深耕南北热土,以纸为简承载五谷波澜。无论是传递"三农"领域睿见卓识的大家声音,还是解码粮农企业家非同一般的匠心力量;无论是梳理粮食产业转型发展的探索与创新,还是探秘中华农耕文化的底蕴与传承。我们都始终围绕五谷做文章,与行业同呼吸共奋进。在记录与见证中国粮食经济发展变革的过程中,我们看到了许许多多的收获和欢欣,也遇见了许许多多的困难与挫折。我们更加深知,只有沉下去深度感知中国粮食经济的优势与劣势、历史与现实,才能更真切地读懂中国农业,才能更深刻地理解"饭碗论""底线论""红线论"的科学内涵,才能有力助推中国粮食更深层次、更高质量地"满足人民日益增长的美好生活需要",阔步迈进新时代。因此,对于这块土地开出的思想之花、结出的实践之果,我们倍加珍惜,再次精心梳理、结集出版,希望以此为更多涉农、涉粮工作者提供与时俱进、更接地气的系统启迪与思考。

"中国粮油书系"第二卷由《百家说粮》《赢在五谷》《农经观察》《水煮粮史》《粮战演义》组成,其中《水煮粮史》为上下两册,《粮战演义》分上中下三册。全书共5套8册,涵盖专家观点、创业故事、三农观察、粮史解读、粮食文化等内容。书系第二卷聚焦近几年中国粮食发展脉络、探讨未来发展趋势,以新闻视角呈现新常态下中国粮食经济的一个侧面和缩影;同时也从一些独特视角重新认识华夏粮食文化的源远流长、博大精深,以粮史故事,鉴古知今。

本书系的出版凝聚着所有粮油市场报人的智慧和付出,更饱含着诸多领导、专家、学者特别是报社主管单位领导的心血和汗水。在采访、报道和编撰过程中,业内许多权威机构和来自一线的粮农工作者热情献策、悉心答疑,给予无私帮助。这分对粮报、对行业的深情与厚爱,我们铭记于心。在行文过程中,我们参考了一些专家学者的专著或论文,摘录了相关媒体记者的报道资料,他们深邃的思想、精彩的论述为文章增彩颇多。在此一并表示诚挚的谢意!

虽致力尽善尽美,但受能力和学识所限,且鉴于部分文章为报道选编,书系中难免存在片面性、资料老化或其他瑕疵,恳望读者朋友谅解和指正。

谁知岁丰歉,实系国安危。新时代的扉页已经打开,让我们携手,在新发展理念的指引下砥砺奋进,在勤勉的耕耘中把握未来。

前　言

粮食作利器，是一种说不出的痛

翻开中国古代战争史，透过刀光剑影和阵阵厮杀，我们看到的是一队队粮车、一座座粮仓；透过历史名将的赫赫战功，我们看到的是一粒粒金灿灿的粮食。无疑，粮食对战争起着支撑和保障作用：如果没有商鞅变法提升的巨大生产力和关中平原的千里沃野，秦统一六国可能无从实现；如果没有"广积粮"和大兴屯田的战略，朱元璋要从元末群雄中迅速崛起，或是无稽之谈。

同时，战争对粮食生产又具有巨大的破坏力。隋炀帝三征高句丽，全国农田荒芜，饿殍遍野，怨声四起，以致强盛一时的隋王朝一夜垮塌。李自成三围开封，城内断粮，杀人炊骨，百万居民饿死者竟达数十万。原来，人类史上最厉害的战争利器竟是粮食！

2500年前，孙武写了影响世界的《孙子兵法》。在他看来，强大的武力是用来防止战争的，而非发动战争，因为战争带来饥荒，饥荒是最大的灾难。

传统史料对战争的记述，重在统帅的谋略、将领的武功以及战争的经过等，而对于发挥着基础作用的粮食，则往往是一笔带过，甚至只字不提。本书通过150余篇"粮史"作品，重现了周秦至清末3000余年的诸多战争故事：或介绍战争中的粮食筹备、供应保障，或突显粮食对战争的决定作用，或描述百姓饱受的战乱之苦……作者以基本史实为依据，兼以演义写法，以期尽可能全面地还原历史，从粮食的角度重新审视当年的战争。

《粮战演义》历时6年，国家粮食局科学研究院副处长、高级工程师姚磊，陕西省宝鸡市粮食局王宝琦，鲁迅故里著名文化学者、老粮食人朱晓平等主要执笔者在这个特殊的战场上叱咤风云，在全力做好本职工作的同时，多少个寂寂之夜博览群书、挑灯夜战，多少个酷暑严寒行走遗址、对话千年。

以古为鉴，砥砺前行。希望这些"粮史"作品，能引起大家的共鸣，并对认识今天的粮食安全问题提供镜鉴。

编者

目 录

第八章　明朝篇
Dibazhang Mingchaopian

"广积粮"奠基朱元璋帝王之路……………………………003
自绝粮道，陈友谅败亡鄱阳湖……………………………006
徐达因粮于敌攻陷姑苏……………………………………009
徐达借粮平甘肃……………………………………………012
两次北伐　两种粮策　两样结局…………………………016
靖难之役：粮食拖了朱棣"后腿"…………………………020
孤注一掷弃辎重　果断截粮得皇位………………………023
饥饿引发明朝首场农民起义………………………………026
朱棣五征漠北：劳师耗粮往返无功………………………029
大明1449：三军断粮兵败土木堡…………………………032
大明1449：囤粮破敌保卫北京……………………………035
屯田戍守，明朝平定"奢安之乱"…………………………038
围城断粮，李如松平定哱拜之乱…………………………041
日本侵朝，夺粮备战野心大………………………………045
烧粮退敌，明军光复汉城…………………………………048
粮足兵精，明朝联军驱除日寇……………………………052
徐鸿儒起义：起于粮败于粮………………………………056
粮食，让农民与藩王生死轮回……………………………060

李自成三围开封　古都缺粮变地狱⋯⋯⋯⋯⋯⋯⋯⋯⋯⋯⋯⋯064
坐失粮策，明朝遭遇萨尔浒之战⋯⋯⋯⋯⋯⋯⋯⋯⋯⋯⋯⋯068
熊廷弼难施粮策　明朝痛失辽东⋯⋯⋯⋯⋯⋯⋯⋯⋯⋯⋯⋯071
缺粮，宁锦防线苦苦支撑⋯⋯⋯⋯⋯⋯⋯⋯⋯⋯⋯⋯⋯⋯⋯074
松锦大战：粮食摧毁明军防线⋯⋯⋯⋯⋯⋯⋯⋯⋯⋯⋯⋯⋯077
明朝为什么打不过后金⋯⋯⋯⋯⋯⋯⋯⋯⋯⋯⋯⋯⋯⋯⋯⋯081
粮尽而亡：明末农民军的悲壮挽歌⋯⋯⋯⋯⋯⋯⋯⋯⋯⋯⋯085

第九章　清朝篇
Dijiuzhang Qingchaopian

抗清，郑成功粮策连连⋯⋯⋯⋯⋯⋯⋯⋯⋯⋯⋯⋯⋯⋯⋯⋯091
封锁郑成功，清政府迁界禁海断粮源⋯⋯⋯⋯⋯⋯⋯⋯⋯⋯095
郑成功收复台湾也曾屯田⋯⋯⋯⋯⋯⋯⋯⋯⋯⋯⋯⋯⋯⋯⋯098
良田变荒野，康熙迁界禁海事与愿违⋯⋯⋯⋯⋯⋯⋯⋯⋯⋯101
施琅粮策统一台湾⋯⋯⋯⋯⋯⋯⋯⋯⋯⋯⋯⋯⋯⋯⋯⋯⋯⋯105
康熙调整粮策平定"三藩"⋯⋯⋯⋯⋯⋯⋯⋯⋯⋯⋯⋯⋯⋯108
觊觎富庶　波雅科夫"远征"黑龙江⋯⋯⋯⋯⋯⋯⋯⋯⋯⋯112
收复黑龙江　康熙两巡东北定粮策⋯⋯⋯⋯⋯⋯⋯⋯⋯⋯⋯115
驻兵积粮，康熙永戍黑龙江⋯⋯⋯⋯⋯⋯⋯⋯⋯⋯⋯⋯⋯⋯118
调粮布兵，清军乌兰布通大败噶尔丹⋯⋯⋯⋯⋯⋯⋯⋯⋯⋯121
千里运粮　康熙再征噶尔丹⋯⋯⋯⋯⋯⋯⋯⋯⋯⋯⋯⋯⋯⋯124
缺粮，费扬古轻装急进克敌制胜⋯⋯⋯⋯⋯⋯⋯⋯⋯⋯⋯⋯127
清军二次入藏缘何只有1.2万人⋯⋯⋯⋯⋯⋯⋯⋯⋯⋯⋯⋯130
春草未生，岳钟琪千里奔袭定青海⋯⋯⋯⋯⋯⋯⋯⋯⋯⋯⋯134
雍正讨伐噶尔丹策零，互拼粮策⋯⋯⋯⋯⋯⋯⋯⋯⋯⋯⋯⋯137
乾隆大兴屯田，准噶尔实现长治久安⋯⋯⋯⋯⋯⋯⋯⋯⋯⋯140
兆惠掘地得粮定南疆⋯⋯⋯⋯⋯⋯⋯⋯⋯⋯⋯⋯⋯⋯⋯⋯⋯143

从因俗而治到乌什起义……………………………………146
雍正改土归流巩固西南……………………………………149
乾隆免赋设屯永定苗疆……………………………………152
乾隆一征金川：空耗钱粮无功而返………………………156
乾隆二征金川：坚壁清野终全胜…………………………160
滥征苛税疆土沦丧　筹备粮饷西征新疆…………………164
收复新疆，且看左宗棠如何筹粮…………………………167
筹粮备战一年半　引得春风度玉关………………………171
漕粮海运：道光"下海"一波三折…………………………175
清代粮仓印证丝路北道屯垦文化…………………………179

中国粮油书系第二卷之
粮战演义（下）——第八章

明朝篇

Dibazhang
Mingchaopian

"广积粮"奠基朱元璋帝王之路

□ 王宝琦

在攻打集庆期间，朱元璋拜访了当地名儒朱升。正是这个朱升为朱元璋提出了著名的三大战略，即"高筑墙""缓称王""广积粮"。单说这个"广积粮"，它是要朱元璋鼓励耕种，储备粮食，安民养兵，增强实力。"广积粮"是"高筑墙""缓称王"的前提和基础。这个战略帮助朱元璋一步步走上了帝王之路。

* * *

元朝末年，天下大乱。当时的基本形势是：元朝统治者居于北京，刘福通聚义中原，陈友谅雄霸湖广，张士诚富拥江淮，明玉珍独占四川，陈友定割据浙江；各路军队相互攻伐，大江南北民不聊生。

在这种纷乱的局势中，朱元璋登上了历史舞台。他只用短短16年时间，就扫灭群雄，建立了明朝。朱元璋之所以能够迅速成功，一个重要的原因是他选择了正确的粮食战略。

/ 因粮谋集庆 /

公元1352年3月，朱元璋加入了濠州（今安徽凤阳）起义军郭子兴的军队，因为能力出众，很快就从一名普通士兵被提拔为中层军官。但时间不长，朱元璋就发现郭子兴没有长远目标，而且其军队纪律涣散、管理混乱。于是，朱元璋决定离开郭子兴，独立创业。当时，郭子兴的起义军正缺粮食。朱元璋就想办法从南方弄了几引（"引"为我国古代盐的专用计量单位，1引计400斤）盐，又偷偷从元朝官员手中换了几十万石粮食，以此献给郭子兴，算作分手的礼物。

1353年冬天，朱元璋带领徐达、汤和、花荣等24名手下开始独闯天下。他们招募难民，袭击元朝官府，开仓放粮，吸纳百姓7万多人。朱元璋从中挑选2万壮士，组成了一支实力不小的军队。

有了军队，下一步该怎么办？朱元璋心里还没有谱。恰好读书人冯国用、冯国胜兄弟前来投奔。他们对朱元璋说："集庆（今南京）北有长江之险，南有千里沃野，占尽天下鱼米之利，自古是帝王兴盛之都。若得集庆为根据地，内修政治，积攒粮食，外练强兵，扩充地盘，何愁日后不能建功立业、大有作为？"朱元璋听了极为高兴，决定南下攻取集庆。

/ 朱升建言"广积粮" /

要攻集庆，首先要攻下滁州（今安徽滁县）、和州（今安徽和县）、太平（今安徽当涂）3个重镇。守卫滁州的元朝军队力量单弱，朱元璋很快便拿下了此地。但要继续攻打和州，朱元璋的军力就显得有些薄弱。

当时，元朝丞相脱脱集结了上百万军队正大举围攻高邮的张士诚。眼看张士诚粮食将尽、城池将破，元朝却起了内讧。元顺帝下旨将脱脱罢官，不久又赐死。内讧使元军后勤保障系统崩溃，百万元军缺粮，一哄而散，其中有好几万人投奔了滁州的朱元璋。军队增加了，朱元璋很快就攻下了和州。

和州城小军多，不久朱元璋就闹起了粮荒。而长江对面的太平南临芜湖，东北达集庆，东倚丹阳湖，周围全都是鱼米之乡。但发愁的是眼看着对岸有成仓成库的米粮，却无船过得江去。而且船少了也不济事，总得上千条才行。这么多船，一时又怎么打造得出来？即使有了足够的船只，没有水手也是白搭。

说来也巧，当时巢湖上正活动着一支水军，有大小船只1000多条。只因常受元军攻打，这支水军正势单力孤。朱元璋便收降了这支水军。

1355年6月1日，朱元璋乘风南渡，对岸元兵溃散，太平不战而得。起义军饿了多日，一见粮食、牲口，眼都看花了，抢着搬运，打算运回和州慢慢享用。朱元璋可不想抢点粮食就罢手——他要乘胜直取集庆,于是砍断船缆,将船悉数推入急流。霎时间,江面上空荡荡,片帆无存。军士们叫苦不迭,慌乱不堪。朱元璋对大家说:"前面就是集庆,城内粮食、玉帛无所不有,攻进城后任由你们搬运回家。"军士们一听都动了心,遂一鼓作气攻下了集庆。接下来,他们又四面出击,相继攻占了镇江、常州、长兴、宁国、江阴等外围战略要地,在集庆稳稳地站住了脚跟。

在此期间,朱元璋拜访了当地名儒朱升。正是这个朱升为朱元璋提出了著名的三大战略,即"高筑墙""缓称王""广积粮"。"高筑墙"和"缓称王"在此就不多作解释了,单说这个"广积粮"。它是要朱元璋鼓励耕种,储备粮食,安民养兵,增强实力。"广积粮"是"高筑墙""缓称王"的前提和基础。

这个战略帮助朱元璋一步步走上了帝王之路。

/ 有粮得天下 /

以前,朱元璋军队的给养靠张贴大榜进而招安乡村百姓缴纳粮草而得,名曰"寨粮",其实质与抢掠没有多大区别。朱元璋曾下令:"凡入敌境,听从捎粮。若攻城而彼抗拒,任将士检刮,听为己物。若降,即令安民,一无所取。如此则人人奋勇向前,攻无不取,战无不胜。""捎粮""检刮"就是抢粮的代名词。这样下去,粮、税都出在老百姓身上。老百姓被全刮干了,下次向谁要?而且,把老百姓逼到无路可走,他们也会反抗,这不是自找麻烦吗?朱元璋决定放弃"寨粮",通过屯田来解决军队粮食保障问题。1358年2月,朱元璋命康茂才为都水营田使,专门负责修筑河堤、兴建水利工程、恢复粮食生产。又分派将领在各处开荒垦地,并用生产量的多少来决定赏罚。后来又从民间抽选壮丁,编制为民兵,让他们农时耕作、闲时习战,作为维持地方安宁的力量,正规军则专门用于进攻作战。朱元璋且耕且战,且战且耕,几年工夫就实现了朱升建议的"广积粮"战略。仓库都满了,军食也够了,于是他明令禁止征收"寨粮"。此后,百姓负担减轻,军队粮食充足,社会安定,军力大增。

接下来,朱元璋开始了轰轰烈烈的统一战争。只用了几年时间,他就消灭了各地割据武装,打败了蒙元军队,最终统一全国,建立了明朝。

自绝粮道,陈友谅败亡鄱阳湖

□ 王宝琦

公元1363年7月21日至8月26日,在风景如画的彭蠡之滨发生了中国历史上规模空前的一场大水战。在这场决定朱元璋与陈友谅命运的鄱阳湖决战中,陈友谅不听谋士之言,倾全部兵力进攻,自断粮道;朱元璋恰恰相反,听从军师刘伯温之计以粮为战,大获全胜。陈友谅身亡后,他的地盘尽归朱元璋。

* * *

"落霞与孤鹜齐飞,秋水共长天一色。渔舟唱晚,响穷彭蠡之滨,雁阵惊寒,声断衡阳之浦。"这是唐代才子王勃的千古名句,描述的是鄱阳湖迷人的景色。然而,公元1363年7月21日至8月26日,就在这风景如画的彭蠡之滨发生了中国历史上规模空前的一场大水战,这就是决定朱元璋与陈友谅命运的鄱阳湖决战。

/ 陈友谅攻打洪都 /

公元1363年,朱元璋与陈友谅之间的争夺进入了白热化。当时,陈友谅雄踞武昌,朱元璋占据应天(今南京),基本形势是陈强朱弱。

1363年4月,陈友谅亲率数百艘巨舰,倾全部兵力,号称60万大军,顺江东下,准备攻取朱元璋的洪都(今南昌)。陈友谅手下谋士兼大将张定边进言:"洪都粮草充足,城墙坚固,又有大将朱文正驻守。我军倾巢而出,孤注一掷,一旦洪都久攻不下,朱元璋率大军来援,到时我军粮食用尽,又无后勤补给,情况将会十分危险。不如由您留守武昌,我率部分军队前去攻打洪都。这样退可守,进可取,才是万全之策。"陈友谅反对说:"我60万大军攻打一个小小的洪都城岂不是摧枯拉朽?此次出征一定要直捣朱元璋的老巢。"结果不出张定边所料:陈军围攻洪都60多天,久攻不下;这段时间,朱元璋在应天完成了反攻陈友谅的所有部署。

/ 朱元璋囤粮备战 /

却说朱元璋在应天接到洪都战报后,召集众将商议军情。军师刘伯温说:"陈友谅举国来犯,虽然声势浩大,但他的军队没有后勤供应,粮食全靠随船携带,数量有限。而江西属我军辖区,陈军在我境内定然得不到粮食补给。一支没有粮食保障的军队,人数再多又有何惧?我看这正是灭他的天赐良机。"朱元璋说:"依先生之见,此战当如何部署?"刘伯温说:"目前洪都情势虽然紧急,但城内储备的粮食够用一年以上,朱文正将军一定可以动员军民全力守住,因而此时的洪都有惊无险,不急去救。眼下有一件更重要的事需要立即去做,那就是调集尽可能多的舰船,向鄱阳湖沿岸的松门(今江西都昌)运囤粮食,以保我军战时之需。等这些工作完成之后,我军即可沿江西上,声援洪都。陈友谅听说我军来援,必然全军东下迎击。这样,我军将会与陈军在鄱阳湖展开决战。到那时,陈军粮食用尽,必然溃败。"7月6日,朱元璋与军师刘伯温、大将常遇春等率水军20万从应天出发,溯江而上,向鄱阳湖开进。16日,大军到达湖口。朱元璋把3支军队分屯于泾江口(在今安徽宿松西南百里)、南湖嘴(在今江西湖口北)和武阳渡(在今江西南昌东南),布好口袋等着陈友谅来钻。

/ 陈友谅粮尽败亡 /

7月19日,陈军围攻洪都已经85天。探听到朱元璋亲率的援军将至,陈友谅说:"我正要去找他决战,他居然自己送上门来了。"遂解除洪都之围,全军东出赣江，进入鄱阳湖迎敌。朱元璋也于当日率水军由松门进入鄱阳湖。

7月21日，两军相遇于康郎山。陈军船高舰大，人多势众；朱军兵精将勇，士气高涨。双方连战5日，胜负未分。26日，东北风忽起，朱元璋借风势发起火攻。陈军巨舰转舵不灵，难以应对，一时烈焰飞腾，湖水尽赤，战舰被焚数百，兵士死伤过半。当然，朱军也付出了惨重的代价。此后，两军进入相持阶段。

10多天后，陈军断粮，陈友谅派出部分军队登岸搜寻粮食。朱军早有防备。陈军不断受到袭击，一粒粮食也没有搜到。

此时，陈友谅的归路已被洪都的朱文正切断，来自武昌的运粮船队也被截击焚毁。陈军饥疲不堪，士兵逃亡不断发生，部分将领率部投降了朱元璋。陈友谅无计可施，决定冒死突围，经南湖嘴进入长江，退回武昌。陈军的计划早已在朱元璋和刘伯温的预料之中。8月26日，陈友谅率楼船百余艘刚行至湖口，便立即陷入了朱军的包围。朱军再次以火船、火筏四面猛攻。陈军一片混乱，全军溃散。陈友谅被流箭射中，当场身亡。只有张定边驾着小船保护陈友谅之子陈理逃回了武昌。

次年2月，朱元璋率军围困武昌，同时派大将常遇春扫平武昌外围援军。武昌被围一年，城内断粮，外援不至。张定边知道继续抵抗已经没有意义，遂开城投降。至此，陈友谅的地盘尽归朱元璋。

徐达因粮于敌攻陷姑苏

□ 王宝琦

张士诚占有的江浙地区土地肥沃，水网密布，旱涝保收，是当时全天下主要的粮食产地。其中的姑苏更是位置显赫，历代都城如唐长安、宋汴梁、元大都都仰赖此地的粮食供养。徐达攻占姑苏外围地区后，富足的粮食自然成了他军粮的来源。

* * *

1366年8月，朱元璋任命徐达为大将军、常遇春为副将军，统率水陆大军20万讨伐张士诚。这是一场因粮于敌的战役。

/ **周密部署** /

在此之前，张士诚手下有一位叫熊天瑞的将军投奔了朱元璋，朱元璋就让熊天瑞担任徐达的向导。

大军出发前，朱元璋又把徐达拉到一边说："熊天瑞投靠我军并非真心，他其实是张士诚派来的间谍。你要充分利用这个人来迷惑张士诚，以完成我军部署。"徐达领兵进入太湖，抵达洞庭山。张士诚的守军一触即溃。徐达召集众将说："俗语云：'逐枭者必覆其巢，去鼠者必熏其穴。'下一步，我们要直捣张士诚的老巢姑苏。只要一举拿下姑苏，其余如湖州、杭州、嘉兴等外围地区均可不战而下。"第二天早上，徐达再次集合众将，唯独少了熊天瑞。徐达对常遇春说："熊天瑞这是给张士诚报信去了，如此甚好。我们立即改变进军路线，秘密向湖州进发，打他个措手不及。"

/ 突袭湖州 /

张士诚得到熊天瑞的报告，认定徐达会来攻打姑苏，立即部署兵力防守，同时传令湖州、杭州等地大军火速前来增援。

却说湖州守将张天骐得到徐达进攻姑苏的消息，正调兵遣将准备增援姑苏，忽然有人来报，说徐达已经兵临湖州城下。张天骐大惊，立即安排3路军队出城迎敌，结果都大败而回。徐达将湖州四面包围。张天骐闭门坚守，等待援军。

张士诚在姑苏等着迎击徐达，却听说徐达领兵去打湖州了，不觉大骂朱元璋、徐达太狡猾，即刻派大将吕珍率兵6万前往救援。吕珍急于救援湖州，轻装前往，粮草则随后跟进。徐达获悉这一情况，派常遇春偷袭吕珍后勤部队，剿获了敌军粮草。吕珍粮草断绝，兵无斗志，屡战屡败，最后只好投降。徐达得军6万，实力大增。

闻吕珍投降，湖州城内的张天骐知道大势已去，遂打开城门，迎接徐、常入城。

/ 围困姑苏 /

在徐达率大军攻打湖州的同时，朱元璋为了分散张士诚的兵力，又派几支军队分别攻打杭州、嘉兴等地。湖州守军投降之后，杭州、嘉兴等地也相继被攻陷。11月25日，徐达指挥各路大军，计30余万人，包围了姑苏。

张士诚占有的江浙地区土地肥沃，水网密布，旱涝保收，是当时全天下主要的粮食产地。其中的姑苏更是位置显赫：宋代就有"苏湖熟，天下足"之说，历代都城如唐长安、宋汴梁、元大都都仰赖此地的粮食供养。徐达攻占姑苏外围地区后，富足的粮食自然成了他军粮的来源。徐达命江浙降将把本地多余的存粮运往军中，还以高价从市场或向富户、百姓购粮。数十万大军粮草充足，人心稳定，斗志极高。

张士诚的情况却日益不妙。姑苏虽然富甲天下，但毕竟已成孤城，城内的存粮也很有限。加上其他地方败退的军队和逃亡的百姓也涌入姑苏，使城内的粮食供应更加紧张。徐达围城至次年6月，姑苏城内开始缺粮。张士诚打算突围，但几次行动都没有成功。到了9月，城内粮食已十分短缺：一只老鼠也要卖上百文钱，后来士兵只能杀战马而食，皮靴、马鞍等都被煮食充饥。姑苏城内不仅粮食短缺，守城用的箭矢、炮弹也十分稀少，甚至连石头都已用尽，守军只好拆除庙宇、宫殿的木头、砖瓦来当武器。曾经富甲天下的姑苏，到了山穷水尽的地步。

　　9月8日，徐达看到城上守军已弹尽粮绝、筋疲力尽，遂下达总攻命令。12路军队同时攻城，徐达攻破葑门，常遇春攻破阊门。城内守军投降，张士诚被俘。

徐达借粮平甘肃

□ 王宝琦

借粮,说起来容易,做起来难。当时,陕西正闹饥荒。如何才能让老百姓勒紧裤带从牙缝里为明军挤出宝贵的粮食呢?耿炳文做了三件事:一是严肃军纪,决不允许骚扰百姓的事情发生;二是分田地,让老百姓有田可耕;三是团结带领军民大搞农田水利建设,引泾、渭两河之水灌溉农田。

* * *

洪武二年(1369年)二月,徐达派常遇春、冯胜从山西渡河趋陕。三月,明军入陕西,克西安。元将王保保逃往宁夏,李思齐、张思道分别逃往甘肃的临洮和庆阳。

/ 平甘战略 /

徐达已经可以看到西安的城墙了,只见一群百姓聚集在城门下,为首的两位老者手捧酒壶、酒杯正在向东张望——这是西安的百姓在等着为徐达接风洗尘。

徐达在发布了安民告示之后连夜召开军事会议。徐达说:"从西安一路向西,正面是庆阳的张思道,南面是临洮的李思齐,北面是宁夏的王保保,这3个人是我军此次西进甘肃的主要对手。当前,他们正各守一方,尚未形成统一力量。我军要抓紧时机，迅速出击，集中兵力，对敌各个歼灭。不过，先从哪一家开打，我们还需要慎重研究。"有人提出先打庆阳，理由是张思道用兵不如李思齐，且庆阳离凤翔更近，打起来更加顺手。徐达的意见正好相反，他说："庆阳城池坚固，粮草储备充足。如果先打张思道，我军短期内很难攻下。一旦王保保和李思齐同时发兵来救，我军就会陷入被动。而临洮人口密集，土地肥沃，粮食充足。如果先打下临洮，就可以用临洮的粮食供应军需，然后以此为根据地再攻打庆阳，这样平定甘肃就比较顺利。"最后，徐达又指出："此次进军甘肃的关键是夺取临洮。虽然临洮的粮食可资我军之用，但那也是打下临洮之后的事情。眼下我军粮草供应不足，这是我们当前的主要问题。"徐达扫视一番众将，最后把目光落在了耿炳文身上："耿将军老成持重，做事周全。现任命你驻守西安，筹运粮草，全权负责我军后勤供应。"4月11日，徐达率军到达距临洮以东200多里的巩昌（今甘肃陇西）。

具体到攻打临洮，徐达的部署是这样的：先派两支军队分别攻打临洮以北的兰州和以南的凤州（今陕西凤县），以此来掐断李思齐向北、向南两个方向逃跑的路线，而临洮以西又是吐蕃境地。这样，面对明军的优势兵力，李思齐除了束手就擒，将别无选择。

/ 西安借粮 /

在西安负责后勤工作的耿炳文可算重担在身了。当时，徐达的军粮供应是先从南京转运到西安，然后再由西安转运到前线。但从南京向西安运输粮食需要水陆交替转运。水路对天气的依赖性很大，如果持续干旱，运河水量不足，水运就难以完成。而陆路需要更多的人力和物力，困难更大。南京的粮食迟迟不到，耿炳文决定就地解决。但朱元璋早有禁令——不得强征军粮。这该怎么办？耿炳文的办法是"借"。

不过，借粮这事说起来容易，做起来难。当时，陕西正闹饥荒。如何才能让老百姓勒紧裤带从牙缝里为明军挤出宝贵的粮食呢？耿炳文做了三件事：一是严肃军纪，决不允许骚扰百姓的事情发生；二是分田地，让老百姓有田可耕；三是团结带领军民大搞农田水利建设，引泾、渭两河之水灌溉农田。尤其是第三件事耿炳文做得很是出色，不到一月竟然疏通整修水渠600多里。

最终，老百姓硬是为明军省出了5000石粮食。耿炳文将这些粮食及时送达前线，为徐达解了燃眉之急。后来，朱元璋被西安老百姓的义举感动，下旨每户赐米3石（一石约合现在160斤）。这在当时是一个不小的数字。

/ 克敌制胜 /

有了耿炳文派人送来的宝贵的粮食，徐达顺利实施了他的战略。李思齐困守临洮，进退两难，最终献城投降。张思道得知这一情况后，知道庆阳已是孤掌难鸣，便留下他的弟弟张良臣主持军务，自己跑到宁夏游说王保保去了。

张思道走后，张良臣决定用诈降计诱歼徐达。他派人给徐达送去一封信，说自己已经走投无路，愿意投降。

徐达回复：即日将来庆阳举行受降仪式。张良臣本以为徐达会亲率大军前来，这样他就可以对徐达来一个瓮中捉鳖，一举将徐达率领的明军歼灭。但徐达并没有亲自去庆阳受降，而是派去了手下薛显，薛显带去的军队是5000骑兵。

尽管徐达没来，但张良臣仍然决定动手。当天夜里，他对毫无准备的薛显发动了突然袭击。薛显全军覆没，只身逃回向徐达报信。

张良臣的出尔反尔激怒了徐达，他调动所有明军将庆阳围了个水泄不通。张良臣几次带兵出战，却屡战屡败。于是，他凭借充足的粮食储备和坚固的城防固守，等待王保保前来救援。

王保保并没有直接救援庆阳，而是上演了一出"围魏救赵"的戏码：派3路军队同时攻打徐达的后方——大同、泾州和凤翔，以此逼迫徐达退兵。

但王保保缺乏足够的粮食来供应这3路军队。在明军的顽强固守下，3路元军都无法持久，铩羽而归。

接下来，徐达对庆阳发起猛攻。张思道在城内固守了几个月，粮食耗尽，士兵将人肉煮了和着泥土一起吃，惨不忍睹。张良臣登上城头，亲手挑着白旗大喊投降。徐达根本不予理会，下令明军加紧攻城。不久，城内发生内讧，反对张良臣的人打开了城门。徐达亲率大军杀入城中。张良臣投井自杀未遂，被明军捞上来后公开处死。至此，甘肃初告平定。

两次北伐 两种粮策 两样结局

□ 王宝琦

元朝末年,天下大乱,刘福通和朱元璋前后各发动了一次北伐元大都的战争,结果是:前者全军覆没;后者定鼎中原,开启大明王朝。同样是北伐,结局相反的主要原因与粮食密切相关。

* * *

元朝末年,天下大乱,刘福通和朱元璋前后各发动了一次北伐元大都(今北京)的战争。结果是:前者全军覆没;后者定鼎中原,开启大明王朝。同样是北伐,为什么结局相反呢?

/ 刘福通北伐:全军覆没 /

1351年5月,刘福通打着"反元复宋"的旗号在颍州起义,这就是著名的红巾军起义。起义军在安徽亳州建立政权,定国号为宋。1357年,刘福通下令开始北伐。北伐军分为东、中、西三路,东路军从山东出发,中路军从山西出发,西路军从陕西出发,目标是合围夺取元大都。

东路军刚开始进军非常顺利,接连攻下河北重镇德州、沧州,一直打到了元大都的南大门通州。元顺帝在大都慌作一团,打算向北逃跑。形势对红巾军一片大好。可惜另外两路北伐军未能给予有效配合,致使东路军孤军深入,粮草供应困难,难以持久,最终被元军打败,又退回了山东。

中路军遇到的阻力最大，行军速度缓慢。当中路军打到大同时，东路军已经败回山东，合围大都的目标已无法实现。面对元军的围追堵截，中路军只能采取哪里敌人弱往哪里打、哪里有粮食向哪里去的策略。他们从山西打到蒙古草原，又从草原打到东北的辽阳，甚至一度打到了高丽境内，但终因孤军奋战，后勤无法保障，在元军和高丽军的合击下全军覆没。

西路军遇到的情况与中路军极其相似，也是孤军奋战、后勤不济，只能到处流窜，最后进入四川，被当地其他派系的起义军兼并。

虽然三路北伐都以失败告终，但极大地牵制了元军主力。刘福通趁机由安徽杀入河南，于1358年5月攻占了汴梁。1359年8月，元军大举合围汴梁。由于刘福通的三路北伐大军都已被消灭，红巾军实力遭到极大削弱，因而元军合围汴梁时，汴梁已经是一座孤城。刘福通粮尽援绝，仅率数百人突出重围，逃向安丰（今安徽寿县）。

从此，宋政权一蹶不振，名存实亡。

/ 朱元璋"三步走"：定鼎中原 /

在刘福通三路大军北伐失败8年之后的1367年，朱元璋再次发兵北伐。

这年1月，他命大将徐达、常遇春率大军25万北伐。朱元璋的北伐分"三步走"：第一步，从应天府（今南京）北进，攻取山东；第二步，以山东为基地，攻取河南；第三步，以河南、山东为基地，攻取大都。整个过程只用了短短几个月时间，可谓势如破竹。北伐的基本经过如下：

1367年11月至次年1月，徐常大军扫平山东全境。

1368年1月23日，朱元璋在应天府称帝，命汤和、康茂才通过运河为徐达输送粮饷。

3月至4月，徐常攻克汴梁、洛阳等地，平定河南全境。

5月，朱元璋亲自督运上百万石粮饷到达汴梁，为进攻大都做最后准备。

7月，徐达派大将冯胜攻克潼关，堵住了关中元军救援大都的通道。

8月，徐达率军北上，粮草通过运河北运。明军连下德州、通州，直逼大都。元顺帝带着老婆、孩子连夜逃往上都（位于内蒙古自治区锡林郭勒盟正蓝旗境内，多伦县西北闪电河畔）。

8月2日，明军进入大都，元朝宣告灭亡。

/ 刘朱粮策大PK /

下面我们不妨从粮食的角度来对比一下刘福通与朱元璋的得失。

先说刘福通的北伐策略。由于缺乏统一指挥，三路北伐军各自为战，孤军深入，导致没有稳定的可持续的粮源，三路军队只能依靠抢掠来维持军需，甚至屠城，以人为食。这就造成了所攻克的地方难以坚守，最终被元军各个击破，以致全军覆没。

刘福通的失败还有更深层因素。当初，刘福通发动红巾军起义的直接原因是黄河泛滥以及蝗灾不断导致的老百姓吃不饱肚子。但老百姓饿肚子的现状并没有因起义而改变，原因是起义之后社会秩序更乱，正常的粮食生产无法进行，农民军要获得粮食就只能靠抢，不但抢官府，也抢地主（有时也抢平民）。这样，农民军的敌人除了元朝的政府军，还有大大小小的地主武装，他们面临的形势也就可想而知。

当然，红巾军也不仅仅是只靠抢来过日子，他们也尝试过一些恢复粮食生产的工作。例如，山东红巾军就开展过屯田，并取得了一些成果，但这并没有改变其整体缺粮的大局。再如，刘福通在攻占汴梁之后也想恢复粮食生产，但由于始终与元军进行着频繁的拉锯战，粮食生产也无法正常进行。总之，红巾军从起义到被消灭，始终没有摆脱缺粮的困境。一支无法有效解决吃饭问题的军队，凭什么夺取天下呢？

再说朱元璋。首先，朱元璋的根据地在江苏、浙江、湖北、湖南、江西、福建等地，这些地方是当时全国粮食最富裕的地方。其次，由于元军主力被牵制于中原地区，无暇南顾，因而朱元璋有条件进行相对稳定的粮食生产。他在南京设立专门机构，配备专职人员，实行大规模屯田的政策，不仅满足了军需，而且不再向百姓征粮，从而赢得了老百姓的拥护。第三，在北伐的具体策略上，朱元璋更是棋高一筹。北伐前夕，他召开军事会议，大将常遇春提议直捣大都，朱元璋当场予以否决。他认为大都防御工事坚固，若孤军深入，久攻不下，后勤粮草接济不上，元朝援兵四集，极有可能重蹈刘福通的覆辙。因而,朱元璋提出了"三步走"战略。按照这个战略,徐达稳扎稳打,步步推进,使占领地和后方紧紧连接在一起,粮食补给线牢牢控制在自己手中,始终立于不败之地。

靖难之役：粮食拖了朱棣"后腿"

□ 王宝琦

房昭入关后将军队驻扎于西水寨。西水寨是一座山寨，居高临下，易守难攻。房昭每日领兵在保定一带扫荡。朱棣在大名再也待不住了。他对众将说："保定是北平的门户。保定一失，北平必危。北平有失，我们就成了无源之水、无本之木，别说打仗，连吃饭都成问题。这次我们必须得回去。"朱棣回军围困西水寨，沿途顺便截获了吴杰转运给西水寨的上万石军粮。

***

朱元璋在位时，把25个儿子封到各地为藩王。藩王手握重兵，对中央政府形成了威胁。公元1398年，朱元璋驾崩，皇太孙朱允炆即位，是为建文帝，遂着手削藩。次年7月，燕王朱棣在北平造反，史称"靖难之役"。

/ 政府军连吃败仗 /

朱棣为造反夺位进行了充分的准备。他私自招兵买马，拥有10万精兵，还收编了8万蒙古铁骑，粮草辎重更是堆积如山。

当年，朱元璋取得江山后，害怕和他一起闯天下的功臣将来威胁自家的统治，于是找借口把有能力的将领全都杀了。朱棣造反后，朱允炆无将可用，只好派一个叫李景隆的纨绔子弟带兵去北平平叛。李景隆从未带过兵，连一支军队需要多少粮草这样常识性的问题都不懂。结果60万政府军被朱棣打得一败涂地，李景隆带领残兵一路狂奔逃到了济南。济南守将盛庸、铁铉收集溃兵组织抵抗。朱棣率军围攻济南，一连三个月无法攻克，于是撤围还师北平。

朱允炆任命盛庸接替李景隆继续北伐。公元1401年2月，盛庸率军20万驻守德州，副将吴杰、平安率军10万驻守真定，互为犄角，伺机进攻北平。

3月，朱棣主动出击，大败盛庸于夹河（在今河北武邑境内），然后乘胜进攻真定。众将对朱棣说："真定粮草充足，城池坚固。如果强攻，恐怕很难成功。"朱棣说："不用强攻。吴杰平庸无能，平安有勇无谋。我将诱使他们出城决战，然后以计取胜。"朱棣让很多士兵分散出去搜刮粮食，见粮就抢，见房就烧，故意闹出很大的动静。然后又让一部分士兵假扮成百姓，推车挑担，怀抱孩子，混杂在逃难的百姓中。"难民"来到真定城下，对城上的人说："朱棣纵兵烧杀抢掠，无恶不作，请打开城门，让我们进城躲避。"吴杰信以为真，放"难民"入城，然后详细询问燕军的情况。这些人说："燕军缺粮，士兵都外出抢粮食去了，目前营内空虚。"吴杰认为这是偷袭燕军的大好时机，亲率10万大军出城，准备进攻朱棣大营。朱棣得到消息，沿途埋伏人马。吴杰遭到伏击，损兵6万，逃回真定，再也不敢出来。

/ 刘远烧粮 /

朱棣继续率军南下，驻扎于大名。

大名距北平上千里，粮草转运必经真定。吴杰、平安发兵抄袭了朱棣的粮道。众将担心军心受到影响，建议朱棣回师北平。朱棣说："不用担心，我早料到他们会有这一招。现在我就'以其人之道，还治其人之身'。"当时，政府军的粮食主要依靠运河转运，运河沿线的济宁、沛县、徐州是主要的转运站。朱棣派刘远率领6000骑兵，换上政府军的衣服，潜到济宁，一把火烧了储备在那里的粮食，然后继续沿运河南下。当到达沛县时，正遇上政府军从徐州转运来的数万艘粮船。刘远带人混入运粮船队，伺机点燃了粮船。大火烧了几天几夜，河水都被烧热了，数百万石粮食全部化为灰烬。自此，驻扎在德州的盛庸军主力开始缺粮。

/ 朱棣回师北平 /

战事陷入焦灼状态，双方在大名、德州一线形成了相持局面。为逼迫燕军退兵，盛庸将目标瞄准朱棣的大后方北平，采取了一系列行动。

盛庸首先派真定守将平安率兵进驻北平以南的平村，每日袭扰北平守军的屯耕和放牧活动，目的是让燕军既无法耕田，也无法牧马，最终使北平的守军因缺粮而失去战斗力，他再伺机夺取北平。朱棣对这种袭扰战不屑一顾，派一支军队乘夜袭击平安军营。北平守军也乘机出城，内外夹击。平安大败，又返回真定。

一计不成，盛庸又生一计。他传令大同守将房昭率兵进入紫荆关，袭击北平的门户保定。房昭入关后将军队驻扎于西水寨。西水寨是一座山寨，居高临下，易守难攻。房昭每日领兵在保定一带扫荡。

这一招果然厉害，朱棣在大名再也待不住了。他对众将说："保定是北平的门户。保定一失，北平必危。北平有失，我们就成了无源之水、无本之木，别说打仗，连吃饭都成问题。这次我们必须得回去。"朱棣回军围困西水寨，沿途顺便截获了吴杰转运给西水寨的上万石军粮。

西水寨被围一个多月，寨中缺粮，很多士兵偷偷跑下山去降敌。房昭向吴杰求援。吴杰率真定守军来到山下。

朱棣留部分军队守住下山要道，自己亲率主力与吴杰军在山下展开大战。

朱棣率领的精兵和蒙古铁骑长年征战，凶悍异常；而政府军都是临时从各地调来的，士兵没有作战经验，更缺少配合，根本不是燕军的对手。房昭在山上看得清楚，一时被燕军的气势吓傻了。他命人打开寨门，率军一拥而出。但他出去的目的不是与吴杰夹击燕军，而是逃命。吴杰军一看这阵势，也跟着西水寨的人一起逃跑了。

朱棣夺回西水寨，率军返回北平。

孤注一掷弃辎重　果断截粮得皇位

□ 王宝琦

以前与政府军作战，朱棣总害怕后路被抄，以致军队的粮食供应出现问题，因而采取的是步步为营的战略。这一次，朱棣改变思路，放弃后勤辎重，全军轻装前进。

* * *

朱棣造反已经3年了，虽然打了不少胜仗，但由于兵少粮少，所攻克的地方都守不住，最终还是仅占有北平及周围很小的一块地方。朱棣对此一筹莫展。

就在此时，南京城里一些太监因常受朱允炆责罚而心生怨恨，派人把南京兵力空虚的秘密告诉了朱棣。朱棣如梦初醒，决定直捣南京。

/ 再出北平 /

1401年12月，朱棣挥师再出北平。以前与政府军作战，朱棣总害怕后路被抄，以致军队的粮食供应出现问题，因而采取的是步步为营的战略。这一次，他改变思路，放弃后勤辎重，全军轻装前进，对于沿途遇到的城池，能攻则攻，不能攻则绕着走，以最快的速度向南京推进。1402年4月，朱棣率军抵达小河（在今江苏境内，向东流入运河）北岸，在河上建了几座便桥，准备渡河。

当时驻守在小河南岸的政府军将领是何福和平安。他们乘燕军半渡之时发起了攻击。结果燕军大败,双方隔河对峙起来。

各地的政府军开始向小河战场集结,这造成政府军粮食供应十分紧张。时间不长,政府军就断粮了,士兵只能采食野菜充饥。

虽然政府军缺粮,但朱棣的头脑十分清醒:自己的军队属于倾巢而出、孤注一掷,因为没有稳定的后勤供应,所以在随军所带的粮食用完之后,补给将会变得十分困难;而政府军断粮只是暂时的,不久之后粮食就会源源不断地从大后方运来。如果这样,后果将不堪设想。朱棣决定,趁政府军的后勤部队到来之前对其发动一次偷袭。

朱棣的偷袭并未成功,因为恰在两军杀得难解难分之时,政府军的援军到了——朱允炆派徐辉祖率10万大军押运粮草前来支援。徐辉祖的军队立即投入战斗,燕军再次大败。

/ 小河对峙 /

这一仗,燕军真的被打怕了,因为他们的粮草即将用完,再加上天气逐渐转热,北方士兵水土不服,生病的人越来越多,大家快失去信心了。很多将领来找朱棣,提出:"从此地向东渡过运河,那里沃野千里,牛羊遍地,而且麦子即将成熟,不如将军队拉过去,在那里补充一些军粮,让大家喘口气,等以后有机会再进攻南京。"朱棣心里很清楚:如果把军队撤到东边去,军粮是有了,但军心将很难再凝聚起来;危局面前,谁能挺到最后,谁就能获胜。为了留住军队、稳住人心,朱棣一面给将士广赐财物、封官许愿,一面恳求大家咬紧牙关再挺一阵子,只要同心协力抓住战机再打一次胜仗,粮食问题就会迎刃而解。

就在朱棣近乎绝望的时候,形势出现了转机。当时,满朝大臣都对战事抱乐观态度,认为朱棣粮食补给困难,不久之后一定会撤军。朱允炆不懂军事,对此信以为真,下令把徐辉祖的部队召回了南京。这样一来,小河战场只剩下何福一支军队与燕军对抗,政府军的力量大为削弱。

直捣南京

徐辉祖回南京后，何福采取的策略是以防为主，寄希望于耗尽燕军粮草，逼其退兵。而燕军迫于后勤危急，急需寻找战机对政府军发动致命一击。

不久，政府军有一批5万石粮食即将运到前线。这批粮食对于政府军来说十分重要，有了它就有了跟燕军耗下去的资本。但对于燕军来说，这批粮食更加重要，如果截获了它，形势马上就会逆转。也就是说，朱棣必须得到这批粮食。

为此，朱棣进行了周密的部署。他先派出一路军队在政府军的粮道上出没扫荡。政府军的后勤部队得知这一情况后，不敢继续前进，就地扎营等候何福派人接应。朱棣又派出骑兵袭扰政府军外出樵采的部队，使政府军既缺粮，又缺烧火做饭的柴火。何福不堪其扰，下令将军营移到灵璧，然后派平安率领6万人马去接应粮食。

朱棣命朱高煦率领燕军最精锐的骑兵隐藏在树林之中，自己亲率主力向平安发起进攻。燕军身处死地，志在必得，人人奋勇争先，愈战愈勇。平安渐渐支持不住了。就在此时，何福率军从灵璧大营杀奔而来，这一下，燕军又处于劣势。关键时刻，朱高煦率伏兵从树林里冲出，向政府军发起了致命一击。这一仗，政府军战败，死伤上万，剩余的人全部逃往灵璧大营，5万石粮食则全部送给了朱棣。

灵璧大营没有粮食，政府军无法坚守。当天夜里，何福与众人商议，决定第二天早上全军突围向淮河撤退。

但次日凌晨，政府军还没来得及突围，燕军就发起了攻击。政府军无心应战，人人争着向营门冲去。燕军趁势截杀，政府军大乱，人马被挤入壕沟，相互践踏，死伤无数。何福见大势已去，丢下军队，单骑逃走。平安坚持作战，最后被俘。

小河决战使政府军主力丧失，此后的战事成了一边倒局面。5月，燕军突破淮河防线。6月3日，燕军再破长江防线。7月13日，燕军攻陷南京，建文帝朱允炆下落不明。7月17日，朱棣在南京称帝，明朝进入了永乐时期。

饥饿引发明朝首场农民起义

□ 王宝琦

连年灾害和沉重徭役的双重煎熬,让山东百姓愤怒到了极点。永乐十八年(1420年)二月,终于爆发了明朝建立以来的首场农民起义——唐赛儿起义。事实上,被奉为明教教主的唐赛儿之所以能得到民众的支持,并非因为什么法术,而是由于她能够帮助那些失去生计的贫民。

* * *

朱棣当了皇帝以后,山东地区自然灾害不断,再加上多年战争的破坏,老百姓生活十分艰难。然而,朱棣没有体谅到老百姓的困苦,不但未进行有效的赈济,反而从山东大批征发民夫进行北伐蒙古的战争和开凿运河。山东百姓无法忍受饥饿和徭役的双重煎熬,于永乐十八年(1420年)二月,发动了明朝建立以来的第一场农民起义——唐赛儿起义。

/ 民不聊生 /

山东地区在元末明初可谓是灾祸不断。

首先是兵祸。元朝末年,红巾军与元军在山东连年激战,粮食生产遭到严重破坏。明初,虽然经过了一段时间的休养生息,但直到洪武后期,对于灾民的安置和生产的恢复仍然没有到位。明太祖朱元璋死后,燕王朱棣又发动了"靖难之役",山东再次成为战场。连年不断的拉锯战和沉重的军粮负担,使尚未完全恢复的生产又遭到了空前的破坏和摧残。

其次是苛政。朱棣即位后准备迁都北京,在京城大修宫殿,工程十分浩大。同时又开挖运河,组织南粮北调。还进行了两次对蒙古的大规模北伐,先后征发民夫数十万人。

最后是自然灾害。山东境内蝗旱灾害和瘟疫连年爆发,以致田地荒芜,满目疮痍,老百姓只能吃树皮、嚼草根维持生活,男女流离失所,老幼颠沛流离,卖妻鬻子,民不聊生。

面对这种情况,朱棣只免了被征发民户当年的田租,而赈济给灾民的粮食却是杯水车薪。1412年,山东大旱,一次赈济所需的粮食高达60万石。1416年,饥民遍布山东、河南及北京,总数达上百万户、数百万人,超过了当时全国人口的1/10,一次赈济所需的粮食已经超过上百万石。然而,当大批难民需要赈济安抚时,官府却仓无储粟,只能动用附近卫所军粮。即便如此,也远远不能解决问题。

沉重的赋役和连年的灾荒给山东老百姓带来了无尽的灾难,一场反抗压迫、寻求生路的农民起义风暴正在齐鲁大地上悄然酝酿。

/ 揭竿而起 /

要说唐赛儿起义,得先从山东地区流行的一种宗教——明教说起。山东在元朝末年曾经是红巾军活动的地区,红巾军当年动员百姓起义的工具就是明教。从那时起,明教就深入民间,在当地保持着很大的影响力。

一个叫唐赛儿的女子从小就生活在这样一个民间宗教传播的环境中。传说有一次唐赛儿在山麓的石罅中发现了一个石匣,挖出来看,匣中有天书、宝剑等物。从此,她便通晓法术,能运用神剑、剪纸人马作战,被民众奉为明教教主。事实上,唐赛儿之所以能得到民众的支持,并非因为什么法术,而是由于她能够帮助那些失去生计的贫民。据说,很多老百姓早上起来一推门,就发现家门口放着一小袋粮食。史书也说唐赛儿"以其教施里闾间,悉验,细民翕然从之。欲衣食财物,随所须以术运致"。

永乐十八年(1420年)二月二十一日,唐赛儿聚集2000余人揭竿起义,首先攻陷了益都（今青州）的卸石棚寨。紧接着，诸城、安丘、莒州、即墨、寿光等地教众纷纷响应。他们攻占州县，杀死官员，抢夺府库粮食物资，一时震动极大。

山东布政使储埏派青州卫指挥使高凤率兵镇压，结果被义军击溃，高凤被杀。储埏又派莒州千户孙恭前去剿抚，结果也以失败告终。

/ 起义失败 /

唐赛儿起义惊动了朱棣。朱棣担心起义扩大后危及山东漕运，进而威胁到北京的粮食供应和安全，遂派安远侯柳升率领5000名守卫北京的精锐部队前去镇压。

3月13日，柳升开始围攻起义军的根据地卸石棚寨。唐赛儿凭借有利地形，以逸待劳，据险防守，双方形成了僵持局面。柳升是朱棣"靖难之役"的名将，根本不把起义军放在眼里。不久，起义军开始缺粮。唐赛儿利用柳升轻视农民军的弱点，派心腹韩童儿出寨诈降。韩童儿对柳升说："起义军食尽少水。东门原有一处汲水道，唐赛儿准备乘夜从此处逃跑。"柳升信以为真，派主力去把守汲水道，造成军营内兵力空虚。唐赛儿见柳升上当，连夜突袭官军大营，大败官军，突围而去。

唐赛儿突围后，起义军准备攻打安丘。安丘东邻即墨，西接益都，南倚莒州、诸城。起义军如果攻克安丘，就可以把周围的起义力量连成一片。当时，上万起义军包围了安丘，城内官军只有800人。眼看安丘城旦夕可破，但就在此时，在沿海负责防倭的一支明朝骑兵紧急赶来驰援安丘。在官军里外夹击下，起义军遭到惨败，2000余人战死，4000余人被俘。

安丘之战成了起义的转折点。不久，其他各路起义军也相继被镇压，唐赛儿起义走向失败。

唐赛儿起义虽然规模不大，对明朝政权的打击力度也十分有限，但它的意义不容忽视：它迫使统治者不得不重视民间疾苦，从而采取措施减轻百姓负担，缓和阶级矛盾。

朱棣五征漠北：劳师耗粮往返无功

□ 王宝琦

明成祖朱棣在世，共发动了5次对蒙古的亲征：第一次出兵50万人；其余4次，根据运粮的规模判断，每次应该在30万人左右。朱棣五征漠北，虽然付出了巨大代价，但并没有给蒙古造成致命的打击。终明之世，蒙古始终是明朝北方的威胁。

* * *

公元1409年6月，明成祖朱棣派遣使者通好蒙古鞑靼部，结果明使被杀。朱棣大怒，命令淇国公丘福率10万明军北征。丘福轻敌冒进，亲率上千骑兵深入追敌，结果遭到伏击，丘福战死，所率骑兵全部被歼。

败报传来，朱棣决定御驾亲征，命令户部尚书夏原吉筹备军粮。

/ 首征鞑靼 /

朱棣显然对这次出征的后勤工作已经考虑很久。他对夏原吉说："考虑到路途太远，运粮的官兵和民夫太过辛苦，而且效率不高，我打算这样做：打造一批武刚车运粮，同时在行军途中修筑一些仓城，把部分粮食提前储存在那里，以备大军返回时食用。"次年1月，朱棣率大军50万浩浩荡荡地向漠北挺进。夏原吉按照原计划，动用武刚车3万辆，起运粮食20万石，与大军同行，每隔10天的路程就修筑一座仓城，储存足够的粮食。

战事进展得非常顺利，明军两次大败鞑靼军，取得了非常不错的战绩。6月14日，朱棣班师南返。

此次出征，尽管明军后勤准备极其充分，但在班师途中还是发生了缺粮的问题，甚至饿死了人。朱棣下令，凡是携带口粮较多的士兵，可以将多余的粮食出借给军队，等回到北京之后加倍偿还。他又把自己专用的御粮拿出来分配给士兵，并且坚持与全军统一伙食标准。每次用餐之前，朱棣都要询问全军将士吃过了没有，然后才开始用餐。7月，明军返回开平卫。原来储存在这里的粮食派上了用场。朱棣下令杀牛宰羊，大宴三军。10天后，明军返回北京。

鞑靼经明朝打击，势力有所衰退，但另外一个蒙古部落——瓦剌部的势力又上升了。明朝对蒙古采取的是平衡战略，不希望其中任何一部坐大。于是，1414年3月至9月，朱棣又对瓦剌发动了一次亲征。

此后，瓦剌和鞑靼相互攻伐，明朝则两头得好处，从中渔利，北方边境倒也平静了六七年时间。但到了1421年，鞑靼实力恢复。同年10月，鞑靼便大举犯边，明朝守将王祥战死。朱棣决定再征鞑靼。

/ 耗粮征漠北 /

1422年12月，朱棣命令户部尚书夏原吉、兵部尚书方宾和刑部尚书吴中筹备战事，但这3位大臣都认为当前不宜大规模用兵，他们的理由概括如下：

一、自从朱棣登基以来，疏通运河、营建北京长达20年，征发民夫上百万，致使大批农田无人耕种；

二、山东、河南、川西、陕西等地连年水旱灾害不断，百姓以草叶、树皮为食，卖妻鬻女，民不聊生；

三、远征交趾（今越南北部），平定倭寇，连年用兵，耗费民力、粮食无数。如果再大举北征，粮食及运粮的民夫从何而来？

他们建议朱棣以防为主，休养生息。朱棣对这些理由很不满意，命令夏原吉前往开平卫亲眼看一看储备的粮食到底有多少。夏原吉刚走，朱棣又把吴中和方宾叫来，让他们重新筹划军粮。两人依然坚持原来的说法。

朱棣一听就火了，当即将方宾、吴中投入大狱，夏原吉也不用再去开平卫了，着锦衣卫就地逮捕。军粮的事则交给英国公张辅去办。

经过周密的计算，张辅提出了一个详细的运粮计划：运粮工作分为前运和后运，前运随亲征大军同行，后运在大军出发之后开始；前运和后运共需用驴34万头、武刚车177573辆、拉车的民夫235146人，运粮37万石。

第二年3月，朱棣率大军从北京出发。数十万明军结成若干方阵，步兵居内，骑兵居中，神机营居外，声势十分浩大。

鞑靼探听到明军出征的消息之后便举众北逃了。明军劳师动众，付出了数十万运粮民夫及其家人的血泪和生命，取得的战果只是鞑靼丢弃的牛羊、辎重以及一些无法逃走的老弱残兵。9月8日，朱棣率军返回北京。

/ 往返无功 /

鞑靼人在和明军周旋的过程中也总结出了一套行之有效的应对之策，那就是"敌进我退，敌退我扰"。

在朱棣二次亲征之后不到一年，鞑靼又一次率众犯边。朱棣也似乎铁了心要与鞑靼较劲，不顾大臣们的激烈反对，于1423年7月再次率军亲征。结果与上次如出一辙：无功而返。

1425年，鞑靼再次犯边。朱棣又上演了一场猫追老鼠的游戏，不过这也成了最后一次：班师途中，朱棣染病去世，时年64岁。

明成祖朱棣在世，共发动了5次对蒙古的亲征：第一次出兵50万，其余4次根据运粮的规模判断，每次应该在30万左右。朱棣五征漠北，虽然付出了巨大代价，但并没有给蒙古造成致命的打击。终明之世，蒙古始终是明朝北方的威胁。

大明1449：三军断粮兵败土木堡

□ 王宝琦

公元1449年，明朝与蒙古瓦剌发生了一场离奇的大战：50万明军对阵6万瓦剌军，结果明军全军覆没，皇帝被俘，50多名朝廷大员死于非命。研究历史发现，明军的失败与粮食息息相关。

* * *

公元1449年，明朝与蒙古瓦剌发生了一场离奇的大战：50万明军对阵6万瓦剌军，结果明军全军覆没，皇帝被俘，50多名朝廷大员死于非命。研究历史发现，明军的失败与粮食息息相关。

/ 战争起因 /

明朝初期，蒙古分裂为三部：瓦剌、鞑靼和兀良哈。瓦剌居西，鞑靼居中，兀良哈居东。其中，鞑靼在三部中实力最强，瓦剌次之，兀良哈最弱。明朝中期，瓦剌崛起，相继兼并了鞑靼和兀良哈，控制了西起今新疆、青海、甘肃，东至朝鲜半岛北部，北逾贝加尔湖，南抵明朝边塞的广大地区。这是继元帝国之后又一个统一的蒙古政权。它的出现，对明朝的安全构成了严重的威胁。

当时，明朝皇帝英宗朱祁镇尚在幼年，国家大权掌握在司礼太监王振手中。王振既不懂治国，也不懂军事，只知玩弄权术、欺瞒皇帝、排除异己、结党营私，对于瓦剌的威胁和国家面临的危险全然不觉。不仅如此，为了满足个人私欲，他竟然不顾国家利益，向瓦剌走私武器军火，甚至明目张胆地将大量战略物资，如粮食、布匹、铜、铁等，交易到敌方，更进一步增强了瓦剌的战斗力。

战争的导火线是1449年春天的献马风波。当年，瓦剌照例向明朝进献马匹。来使实有人数为1772人，但他们诈称2257人，目的是套取明朝的赏钱。对此，王振作出了一个看似大义凛然、实则无知至极的决定：赏钱不给，马价减少1/3。双方矛盾陡然升级。7月，瓦剌以此为借口发动6万铁骑进犯明朝北方重镇大同。双方之间的大战就此爆发。

/ 战争经过 /

战报传来，王振鼓动朱祁镇御驾亲征。二人率领50万明军以及60多名高级大臣向大同奔去。但是，对这支50万人的军队来说，后勤供应漏洞百出，未到大同，已经断粮，军中不断有人饿死。

当明军忍饥挨饿到达大同时，瓦剌又撤军了。王振见无仗可打，于是下令班师回朝。

其实瓦剌撤军只是一个阴谋。

当明军退到距离怀来县城仅10多公里的土木堡时，瓦剌大军又追了上来。当时，明军已经断粮。虽然如此，但只要明军能及时退到怀来县城，灾难仍然可以避免。但明军已经没有机会了，另一支瓦剌骑兵早已迂回至明军前方截断了其归路。王振决定就地与瓦剌军决一死战。

面对人数几乎10倍于己的明军，瓦剌军虽然战斗力强，但也不敢轻易开战。于是，他们又玩了第二个阴谋：首先断绝流经土木堡的唯一水源，将明军围困了两天，然后又"主动"而去。

王振见瓦剌"退兵"，传令全军迅速向怀来县城撤退。明军仓促拔营，阵脚大乱，瓦剌铁骑立即又杀了回来。明军两天没吃没喝，已经失去了斗志，人人争相逃命，全军大乱。

瓦剌铁骑冲入明军大肆砍杀。

明朝有50多名大臣死于乱军中，王振被愤怒的明军将领杀死，朱祁镇被俘，全军覆没。

/ 战败原因 /

对于这场战争中明军的失败，后人分析主要原因在于明军的粮食保障不足。但实际情况是明朝当时并不缺粮，北京附近的通州大仓储存着上百万石粮食，完全可以满足50万军队出征的需要。既然如此，那明军为什么还会缺粮呢？仔细研究这段历史发现，主要原因有以下两点：

一是王振不懂军事，瞎指挥，对军队的后勤保障毫不重视，直接导致明军在土木堡断水绝粮，军心大乱，被瓦剌铁骑一举歼灭。

二是明朝边疆驻军粮食储备不足。明朝开国时实行兵屯制，士兵既要守边打仗，还要屯田耕地，军粮全部来自于自耕的田地。开国之初，吏治还算清明，兵屯制实施得比较好，为明军提供了充足的粮食保障。但后来，官场腐败成风，军官们开始大肆侵占士兵屯田，贪污克扣军饷，导致普通士兵的生活异常困窘：衣服不能遮体，粮食不够果腹，患病无医无药，病死无棺木收殓，命运非常悲惨。连肚子都吃不饱，谁还愿意当兵？士兵开始大量逃亡。据兵部统计，有一年全国逃跑和非正常死亡的士兵多达120万，而当时全国在册军人的数量是280万，占到了将近一半，有些地方士兵逃亡率甚至高达90%以上。

军官腐败导致士兵逃亡，士兵逃亡导致兵屯瘫痪，兵屯瘫痪反过来又为贪腐提供了更多的空间。吃空饷成了当时一个十分严重的问题。

军官按编制人数上报领饷人数，上级睁一只眼闭一只眼，串通一气合伙贪污。例如，1438年，西宁卫掌卫指挥佥事穆肃与镇抚李恒互相勾结，冒支兰县仓官军俸粮8000余石；1439年，万全右卫指挥使王祥、怀安卫指挥使楚祯合谋盗卖军粮2万多石。军队贪腐之风如此之盛，边防储备状况可想而知。

一支军队，最高指挥者无知无能，各级官吏腐败成风，粮食保障混乱不堪，打败仗似乎早成定局。

大明1449：囤粮破敌保卫北京

□ 王宝琦

于谦认为，明军兵败土木堡的主要原因是粮食供应没有保障。因而，他在向京城调兵遣将的同时，竭尽全力为京城调粮。当时京城以南60里的通州仓储备着数百万石粮食，可供京城军民食用一年。但要把这批粮食在短时间内抢运到城内，却是一件极其难办的事情……

* * *

土木堡之变，明军精锐几乎被瓦剌全歼，明英宗朱祁镇被俘。消息传至北京，朝野立时大乱。当时，北京只有弱兵数万，一旦瓦剌铁骑杀到北京，后果将不堪设想。面对如此危局，明朝将如何应对呢？

/ 调兵遣将 /

明英宗朱祁镇率兵出征时，安排他的亲弟弟郕王朱祁钰留守京城。败讯传来，朱祁钰紧急召集群臣商讨对策。有些大臣们建议迁都南京。兵部侍郎于谦坚决反对迁都。他认为，如果皇室和满朝文武都逃往南京，势必重蹈当年宋徽宗、宋钦宗"靖康之耻"的覆辙，长江以北将不复为明朝所有。他主张召集天下兵马勤王，誓守北京。

于谦的主张得到了大多数大臣以及皇太后和朱祁钰的支持。于是，立即作出两大决定：一是拥立朱祁钰为明朝新任皇帝，遥尊朱祁镇为太上皇，以此粉碎瓦剌"挟天子以令诸侯"的图谋；二是任命于谦为兵部尚书，掌管全国军马，全权负责京城防卫。

于谦首先整肃内政，清除了王振党羽，严惩了一批贪生怕死、玩忽职守的官员，起用了一批有能力的将领，加强了作战指挥力量。

同时，于谦急调两京、河南的备操军，沿海的备倭军，江北和北京诸府的运粮大军以及浙江兵等火速集结北京，使京城兵力由数万迅速增加到了20万以上，在数量上形成了对瓦剌军的优势。又派出15名官员前往京畿、山东、山西、河北等地招募新兵，进行应急训练，以此作为后备军。

京城的盔甲、兵器严重不足，于谦立即将南京库存兵器126万件急调入京，同时派人到土木堡收集明军溃败时丢弃的衣甲武器。

于谦还将全城百姓动员起来投入备战。把城内的土木工、泥瓦匠、石匠等统一编成工程队，筹集大量砖石、木材、石灰、工具等，以备战时急用。同时加固了京城9门，挖深了城壕。他还派人分赴京城周围州县和山西、河北等地发动民众拿起武器，到时伺机打击瓦剌军。

/ 抢运军粮 /

于谦认为，明军兵败土木堡的主要原因是粮食供应没有保障。因而，他在向京城调兵遣将的同时，竭尽全力为京城调运粮食。当时，京城以南60里的通州仓储备着数百万石粮食，可供京城军民食用一年。但要把这批粮食在短时间内抢运到城内，却是一件极其难办的事情，即使驻守京城的所有军队日夜不停地抢运，也得好几个月。显然，瓦剌铁骑不会给明朝如此充足的时间。

为此，于谦用到了几乎所有可能的办法：首先，动用500辆官府的大车昼夜不停地运粮；其次，动员百姓及官兵的家属、亲友自备车辆和牲口运粮，每向京城运粮20石，除运费外，额外可得白银1两；第三，组织各地监狱里的犯人运粮，按照不同的刑期分配不同的任务，完成之后可重获自由；第四，给在京所有官员和士兵预支半年的俸禄，但全部折算成了粮食，其中官员的俸粮直接去通州粮仓领取。这样，没过多少天，通州的几百万石粮食都被运进了京城，人心得以安定。

除此之外，于谦还发动商人从各地给京城运粮，货到立即付款，并对往年拖欠的粮款也全部付清。他下令让各地的老百姓全部迁入城内，同时要把自家存粮和草料也一并搬入城内，实在无法运走的要就地埋藏，来不及埋藏的就一把火烧掉，反正一粒粮也不能留给瓦剌人。

/ 保卫北京 /

瓦剌发动土木堡之战，开始只想抢掠一批粮食财物，并没有进攻北京的打算。即使在土木堡大败明军、俘虏朱祁镇之后，瓦剌也没有入主中原的奢望，他们只想利用朱祁镇狠狠地敲诈明朝一笔。因而，土木堡大战之后，瓦剌军返回了草原。

但是，有一个在土木堡之战中投降的明朝太监给瓦剌人出了个主意。他说：明朝所有精锐已经在土木堡损失殆尽，京城防御空虚，满朝文武也肯定乱成了一团，何不趁此攻下明朝都城，重建大元帝国？于是，瓦剌决定进攻北京。公元1449年10月1日，5万瓦剌铁骑挟持着朱祁镇，越过长城防线，气势汹汹地向北京杀来。

大敌当前，于谦采取背城决战的方略，将22万大军列阵于京城9门之外，准备与瓦剌军决战城下。

12日，瓦剌兵临城外，见到严阵以待的明军，他们没有立即进攻，而是倾向于利用朱祁镇先行敲诈。对此，于谦回复对方："社稷为重，君为轻。"坚决不中敌人圈套。瓦剌军见阴谋不能得逞，遂于13日发起了进攻。他们首先进攻德胜门。明军佯装战败，诱敌进入埋伏，然后集中火器攻击，杀敌上万。瓦剌又转而进攻西直门，再被明军击退。14日，明军主动出击，瓦剌军大败。与此同时，京城以外的老百姓也纷纷组织起来攻击四处掠夺的瓦剌军。

瓦剌军屡战屡败，攻城不克，和谈不成，又抢不到粮食，在城外难以持久。15日夜，瓦剌军悄然撤退。明朝军民围追堵截，歼敌上万。次年8月，瓦剌释放朱祁镇回国，又恢复了与明朝的臣属关系。

屯田戍守，明朝平定"奢安之乱"

□ 王宝琦

当时，贵阳城内储备的粮食不足2万石，城外的百姓大量涌入，使得城内粮价飞涨，一斗米卖到了20两银子。刚开始，每名官兵每天配给粮食1升，后来减到5合，再后来又减到1合。最后，粮食吃尽，军民只能以树皮、草叶、谷糠、皮革为食……

* * *

天启年间，政治腐败，天灾不断，加之辽东的后金连年作乱，明朝可谓内忧外患，民不聊生。

四川永宁土司奢崇明、贵州水西（今贵州鸭池河以西广大地区）土司安邦彦看到明朝腐朽衰落、有机可乘，就联合发动叛乱，欲割据一方。

/ 反叛 /

公元1621年，明朝在辽东战场打了败仗。为了充实辽东兵源，明朝向全国各地征兵。四川永宁土司奢崇明心怀不轨，上疏请求率兵3万赴辽东。明朝廷欣然应允。奢军到达重庆后，要求发给每名士兵安家费白银20两。四川巡抚徐可求对奢崇明的兵力进行核实，认为许多老弱士兵可以裁汰而不必发饷，最后只需军饷4万两。

9月，奢崇明以朝廷克扣军饷为由发动叛乱，杀死徐可求，占据重庆，宣布建立"大梁"国。10月，奢崇明围攻成都。当时，成都守军只有2000，四川布政使朱燮元组织军民全力守城，情况十分危急。

就在奢崇明发动叛乱的同时，贵州水西土司安邦彦也兴兵叛乱，自称"罗甸王"。水西48支土司头目群起响应。安邦彦首先攻占毕节，然后渡过鸭池河，进兵贵州首府贵阳。

/ 反击 /

次年2月，贵阳城被安邦彦的叛军围困。当时，贵阳城内储备的粮食不足2万石，城外的百姓大量涌入，使得城内粮价飞涨，一斗米卖到了20两银子。刚开始，每名官兵每天配给粮食1升，后来减到5合，再后来又减到1合。最后，粮食吃尽，军民只能以树皮、草叶、谷糠、皮革为食。这些东西吃完后，就开始吃人肉，以至于"亲属相啖"。总兵张彦方甚至公开组织杀人，1斤人肉值银1两。将士饿得无力作战，贵阳危在旦夕。12月，新任贵州巡抚王三善从湖南率兵2万进援贵阳。安邦彦大败，退往鸭池河以西。贵阳被围10个多月，城内原有的10万户居民只剩下几千户。

贵阳解围后，王三善率军追击。由于孤军深入、粮食供应不上，明军被叛军反击，遭到重创。王三善返回贵阳，经过休整后又于第二年10月集结了6万大军，准备再度进军水西。其他将领认为，水西林密山高，地势险要，不利于军粮转运，担心重蹈上次失败的覆辙。王三善认为粮食问题可以在水西就地解决，坚持进军。他亲率大军进驻于大方。但水西地区长期以来就是安邦彦的势力范围，明军在此根本筹集不到粮食，而后方的粮食又难以运到。不得已，王三善又于第三年正月开始撤退。安邦彦跟踪追击，明军且战且退，当退到今黔西县内庄时，进入了安邦彦的伏击圈。明军大败，损失惨重，王三善战死。

话说王三善在贵州大战安邦彦后，成都的朱燮元受到鼓舞，不久就打败了奢崇明，解了成都之围。朱燮元乘胜追击，收复了重庆。奢崇明带领残兵投奔了安邦彦。

平叛

到1625年，同流合污的奢安叛军已多达48万。奢崇明自称"崇明大梁王"，安邦彦自称"四夷大长老"，他们不断派兵攻城掠地，声势十分浩大。

贵州巡按傅宗龙提出"屯田戍守"的应对之策：一是先派兵攻占安邦彦在鸭池河以东的军事据点，在各个渡口修筑工事，命令防守士兵练习水战，夺取鸭池河天堑的控制权；二是对依附奢、安的其他土司头目实施围剿和安抚；三是在耕种季节不断派遣明军渡河进行骚扰，使叛军的粮食生产不能正常进行；四是在鸭池河沿岸进行大规模屯田，解决军粮运输困难的问题，以稳定军心、鼓舞士气。傅宗龙认为，如能坚守这一策略，最多3年时间，水西叛乱就可平息。傅宗龙的策略得到了朝廷认可，很快得以实施。此后，明军以守为主，击退了叛军的几次进攻，双方进入了长达两年的相持态势。

1628年6月，明朝积聚了一定军力，调集云、贵、湖、广、川5省军队向叛军发起反击。叛军大败，安邦彦与奢崇明被杀，其余叛军在安邦彦的侄子安位的带领下继续负隅顽抗。明军乘胜包围水西城，断绝其粮食供应，逼安位投降。水西城被围100多天后粮尽。

1630年春，安位投降。至此，持续近9年的"奢安之乱"终于平定。

围城断粮，李如松平定哱拜之乱

□ 王宝琦

明军绕城筑起了一道将近10米高的堤坝，然后将黄河水引入。宁夏城立即陷入一片汪洋之中。夜里，叛军乘坐小船出城，去明军守备虚弱的地方挖堤泄水。明军抓获了几个人仔细审问，得知城内早已断粮。针对这种情况，李如松又展开了攻心战……

* * *

宁夏副总兵哱拜私占军屯，贪没粮饷，蓄养3000名亡命之徒，勾结蒙古骑兵发动叛乱。明朝动用全国之力，历时7个月，终于将其平定。

/ 欠饷引发叛乱 /

1592年2月，宁夏平原的隆冬即将过去，天气已经有了转暖的迹象。但作为明朝"九边"重镇之一的宁夏镇，2万官兵仍然没有领到上年过冬的棉衣。更为严重的是，官兵的口粮已被拖欠了好几个月。

没有棉衣，穿着往年的破衣烂袄还可以凑合；没有粮食，士兵的基本生活就无法维持。2月28日，一群愤怒的士兵冲入总兵府讨要说法。总兵张维忠推脱责任，说这件事由巡抚党馨负责，让士兵去问党馨。

于是，更多的士兵又涌入巡抚衙门。然而党馨不仅不给任何解释，反而威胁说要对闹事的人以军法处置，对带头的人还要株连九族。

官兵们再也无法忍受，情绪失控，怒杀党馨，又返回总兵府逼死了张维忠，然后占据宁夏城，公开叛乱。

这场叛乱从表面上看好像是由欠饷引起的，其实有着深刻的背景。宁夏镇副总兵哱拜是这场叛乱的主谋。

哱拜早先是蒙古俺答部一个小酋长，因为得罪了上司，惹上了杀身之祸，走投无路，带着手下300兵丁投奔了明朝宁夏镇的军队。之后，哱拜凭借军功不断升迁，由一名小小的把总一步步做到了副总兵。

哱拜在宁夏步步高升的同时，其势力也一天天地膨胀起来。他蓄养3000多名亡命之徒，结交拉拢带兵将领，培植起了自己的势力，还与蒙古套部勾结，在宁夏称霸一方。

宁夏巡抚党馨虽然怀疑哱拜有不轨之举，但没有掌握其谋反的证据，于是就以贪污军粮的罪名上书弹劾哱拜，又以强娶民女之罪将哱拜之子治罪。

哱拜感到事态严重，决定提前动手，于是就利用欠饷事件策划了这场叛乱。

/ 明军总是缺粮 /

叛乱发生后，明朝立即任命兵部尚书魏学曾为总督，调集陕西、延绥、甘肃、宁夏四镇军马前往平叛。

3月底，5路明军包围了宁夏城。

4月5日，双方在城外决战。明军奋勇冲锋，叛军大败而回。哱拜下令坚守不战，据城固守。魏学曾指挥明军强行攻城。主攻北门的延绥副总兵王通率领所部士兵抢先攻上城头，形势对明军十分有利。

但在关键时刻，明军的弱点暴露了出来。明军来自不同的军镇，分属于不同的派系，作战时不仅不能紧密配合，反而内斗十分严重。当魏学曾命令榆林卫的军队增援王通时，榆林兵以各种理由拖延，致使王通孤军奋战，最终败下城来，所部士兵几乎全部战死，王通也负了伤。

此战之后，明军成了强弩之末，很难再对叛军组织起有效的进攻。

问题还不止于此，糟糕的粮食保障情况使明军所处的形势更加不利。

明军的攻城部队派系林立，后勤部队也是如此——他们对前方战事漠不关心，再加上后勤部队本身人力不足，因而粮食供应始终不能到位，关键时刻总是断粮。

没有粮食，仗就没法打。魏学曾只好下令撤围，带领攻城部队到后方运粮。等明军筹备好粮食，再次兵临城下时，叛军已缓过劲来，恢复了战斗力，于是前功尽弃。因为对运粮部队缺少护送和接应，明军有200多辆粮车被叛军夺去。与此同时，套部蒙古军也与叛军遥相呼应，屡屡伏击明军粮道，致使明军多次陷入被动。

就这样，直到6月底，已经过去了将近4个月，战事没有任何进展。

围攻宁夏城的明军几乎成了一种摆设，有时候叛军从城内大摇大摆地出入，也少有人去理会。

/ 叛军断粮投降 /

前方战事不利，明朝罢免了魏学曾的总督之职，调遣辽东总兵李如松率领辽东铁骑以及大同、宣府的军队前往平叛。

6月22日，明朝各路军队再次将宁夏城团团围住。哱拜火速派人向套部求援。不久，套部3万军队向明军杀来。李如松分出几路军队截击套部蒙古兵。套部损兵3千，大败而归，再也不敢过来。宁夏城内的叛军得不到外援，又不敢出城，从此陷入了困境。

明军开始全力攻城。李如松调集3万只布袋，装满土堆积在城下，一直堆到与城墙一样高，然后命令士兵踏着布袋攻城。叛军用大炮将布袋堆成的工事炸毁，明军攻城失败。

李如松又下令驾云梯强攻。但明军派系林立、内耗严重的问题再次暴露，真正玩命打仗的只有李如松带来的辽东兵等少数军队。李如松无法日夜不停地轮番攻城，因为士兵打累了就得吃饭，吃饭时就要停止攻城。这时，叛军就纵火将攻城器械烧毁。这样，强攻也以失败告终。

后来，李如松仔细观察地形，发现宁夏城地势低洼，甚至比黄河河床还要低，于是他决定进行水攻。明军绕城筑起了一道将近10米高的堤坝，然后将黄河水引入。宁夏城立即陷入一片汪洋之中。夜里，叛军乘坐小船出城，去明军守备虚弱的地方挖堤泄水。明军抓获了几个人仔细审问，得知城内早已断粮，连树皮、树叶都已被吃光，士兵全靠杀马充饥，战马只剩下不到500匹。

针对这种情况，李如松又展开了攻心战，向城内的叛军发出檄文，要求叛军在3日内开城门投降，以便让明军进城救济百姓。

城内饥民听说后纷纷拥入叛军军营，要求投降。

叛乱已经没有任何成功的希望，叛军军心也开始瓦解。为了推卸责任，老奸巨猾的哱拜设计杀了其他叛乱头目，然后悬首城上，向明军投降。

9月16日，李如松率军入城。哱拜本以为会逃过一劫，但李如松就一个字——"杀"！哱拜全家及2000多名家丁全被正法。宁夏叛乱终得以平定。

日本侵朝,夺粮备战野心大

□ 王宝琦

丰臣秀吉颁布命令,将朝鲜8道分封给8位领兵将领,让他们在各道征收税赋、储备军粮。日军以2∶5的比例向朝鲜百姓强行征粮,征粮计划高达1191.6万石,这个数字几乎是朝鲜8道全年贡赋收入的总和。

* * *

公元1591年,日本发动了以占领中国、称霸东亚为目标的侵朝战争。这场战争历时7年,日、朝、中3国共投入的兵力不下90万,最后以日本失败而告终。

/ 储粮备战 /

公元1590年,丰臣秀吉统一了日本。随着国力和军力的日益增长,丰臣秀吉的野心也进一步膨胀,他有一个很大的梦想:将日本、朝鲜和中国合并为一国,将日本天皇移居北京,甚至将远在南大洋的印度也纳入日本的版图。其胃口之大,可谓疯狂。

为此,丰臣秀吉进行了全面准备:一是命令各大名(日本历史上的大封建主)提前一年准备出征所需粮食;二是核定粮价,以现金向市场及百姓购粮;三是用威胁利诱的手段,强迫琉球、安南(越南)、吕宋(菲律宾)、暹罗(泰国)等国进贡,或与其交易;四是以名护屋为侵朝大本营,将各地的粮食运至此地囤集，所储军粮足够48万人食用数年；五是从敌人手中夺粮，朝鲜南部沿海素来是鱼米之乡，计划登陆朝鲜之后予以强征；六是各大名以每10万石粮出船2艘，共备船上千；七是各大名以每万石粮出兵一定数额，共动员军队33万人；八是加强武器装备，除传统的日本刀以外，还仿制并储备了大量先进的葡萄牙火枪，火枪配备率高达60%以上。

一切准备到位后，丰臣秀吉派人通知朝鲜国王李昖："吾将率军直入大明国，易吾朝之风俗于四百余州。吾军兵临大明国境之时，贵国可将士卒临军营，听吾调遣。"丰臣秀吉想以威胁利诱的手段，迫使朝鲜就范，然后以朝鲜为先驱对明作战，以最小的代价获得最大的战果。朝鲜对日本的这一计划简直难以置信。李昖回复说："辞旨张皇，欲超入上国，而望吾国为之党，不知此言悉为而至哉？"丰臣秀吉见李昖拒不听命，决定发动突然袭击，迅速占领朝鲜全境。

/ 突袭朝鲜 /

1592年3月，丰臣秀吉发布出征命令，15万日军横渡对马海峡，分9路向朝鲜发起突然袭击。

朝鲜当时已经200多年没有发生过大的战事，军备废弛，人人惧战。面对日军的突然进攻，镇守釜山港的庆尚道左水使杜泓、右水使元均畏敌如虎，将上百艘战船、火炮自沉大海，一逃了之。朝鲜陆军也难抵日军攻势，纷纷败逃。日军如入无人之境：第一军小西行长部于4月1日攻陷釜山，5月2日兵不血刃进入朝鲜首都汉城，5月27日攻入开城，6月6日攻克平壤；第二军加藤清正部一直杀到了朝鲜最北端的咸镜道。不到2个月时间，朝鲜3都8道（3都指汉城、开城和平壤，道是朝鲜地方行政区划，全国共分为8道）全部沦陷。

丰臣秀吉对日军的"战果"兴奋不已，立即指示小西行长和加藤清正迅速探明通往明朝的道路、里程及详细地图，又对其养子丰臣秀次写信说："此次如能席卷大唐（明），当以大唐关白之职授汝……宜准备奉圣驾（日本天皇）于大唐之京城，可于后年行幸。"日本将领也全部沉浸在胜利的幻境之中，日将伊达政宗甚至写下了"何知今岁棹沧海，高丽大明属掌中"

的豪言壮语。

/ 李昖求援 /

虽然朝鲜全局败退，溃不成军，但有一支军队，也只有这支军队没有被日军的淫威吓倒，而且取得了意想不到的战果，这就是全罗道左水使李舜臣率领的海军。

李舜臣的海军有一件利器——龟甲船，对于此船的原理构造此处无须赘述，只需说明一点：据史书记载，此船是当时世界上最先进的战舰，具有很强的杀伤力和抗打击能力。在庆尚道水军纷纷败逃之时，李舜臣毅然率领龟甲船队开向釜山拒敌。

5月7日，在釜山以南的巨济岛海域，李舜臣指挥85艘龟甲船与日军展开激战，焚毁日本运输船26艘，击沉大型战舰18艘，取得了自开战以来对日军的第一次胜利。此后，李舜臣又先后与日军进行了多场海战，共击毁击沉日舰300余艘，全歼日本海军精锐，基本掌握了制海权。

李舜臣的战绩确实很了不起，但毕竟是局部胜利，并不能挽回朝鲜全局败退的大势。日军制海权的丧失虽然使其后勤运输线面临挑战，但其军粮保障并未因此而受到多少影响。朝鲜3都以及各地主要城市都建有大型粮仓，很多大地主、大官僚家里还建有私仓，储备着大量的粮食。朝鲜沦陷后，这些粮食全部落入日军手中，数量足可保证在朝日军支用两年以上。但占领朝鲜只是日军战争计划的第一步，日军必须为下一步进攻明朝做好充足的粮食储备。为此，丰臣秀吉颁布命令，将朝鲜8道分封给8位领兵将领，让他们在各道征收税赋、储备军粮。日军以2∶5的比例向朝鲜百姓强行征粮，征粮计划高达1191.6万石，这个数字几乎是朝鲜8道全年贡赋收入的总和。

日军在占领区烧杀抢掠，甚至屠城。朝鲜两位王子也被日军俘虏，国王李昖从汉城一路北逃进入明朝境内。

面对残破不堪的局势，李昖无力回天，只能派人火速前往北京求援。

烧粮退敌，明军光复汉城

□ 王宝琦

龙山大仓本为朝鲜国仓，积贮了朝鲜数十年的粮食。汉城被日军占领后，龙山大仓就成了日军军粮基地，后来日军运来的粮食大都存于此。明军敢死队到达龙山后，把火箭射向粮仓。13座大仓霎时起火，数十万石粮食一夜之间化为灰烬。

* * *

不到一个月时间，朝鲜全境沦陷日军之手。国王李昖从王京汉城一路狂奔进入明朝境内，派人火速前往北京向万历皇帝求援。

/ 明朝出兵 /

接到朝鲜战报，明朝政府深感事态严重。兵部侍郎宋应昌认为日本入侵朝鲜的真实意图在于明朝，只有御敌于国门之外，皇城北京才能确保无虞。但要派大军入朝参战，明朝也面临诸多困难，主要是国库空虚，一时拿不出更多的银两和粮食来支撑这场浩大的战争。最后，万历皇帝决定先派辽东副总兵祖承训率3000骑兵入朝试探一下日军虚实。

当时，日军占领平壤的是小西行长率领的第一军，兵力在1.7万人左右，但朝鲜人提供给明军的情报却称平壤只有几千日军。祖承训信以为真，加之轻敌，遂率军杀入平壤。日军利用有利地形和火枪与明军展开巷战，明军骑兵难以施展，结果损兵折将，惨败而回。

祖承训惨败使明朝大受震动。同时，日本强迫琉球、吕宋臣服的消息也传到了明朝，万历皇帝和满朝文武开始对日本的野心有所警醒。最后，明朝决定正式出兵，任命兵部侍郎宋应昌为经略、陕西总兵李如松为东征提督，率明军4.3万人入朝参战。

兵法云：兵马未动，粮草先行。4.3万人长途远征，粮食问题得提前筹划。为此，明朝派使者前往中朝边境会见朝鲜国王李昖。明使说："天朝数万兵马就要入朝，但长途运粮会面临诸多困难，我们计划以银钱在朝鲜当地换取米粮，不知国王意下如何？"李昖回答："朝鲜是一个小国，土地贫瘠，出产有限。朝鲜人目前还没有认识到使用银钱的好处，即使有银钱，恐怕也很难换来米粮。只有夺回失地之后，朝鲜国库原来的存粮才可以被取用。""那国王目前掌握的粮食可以支用多久呢？""可支撑1万军队1月之用。"李昖的回答等于是说，要收复朝鲜，作为宗主国的明朝不仅要出人出枪，还得出钱出粮。

万历皇帝下旨从临清、德州两大国仓各发5万石粮食运往朝鲜，向山东、天津两地发银20万两用以购买和运输军粮。

/ 血战朝鲜 /

1593年1月2日，李如松率明军进入朝鲜境内，与朝鲜军队1万人会合，共计5.3万人向平壤推进。1月6日，平壤战役打响。明军先以大炮轰击，然后攻入城内，凭借优势兵力与日军展开激烈的巷战。日军难以抵挡，退入城东几处土窟要塞中与明军对抗。日军粮库和弹药库已被明军大炮击中焚毁，援兵又迟迟不到，小西行长死守两天之后无法继续坚持，遂率残兵仓皇撤出平壤，向开城逃去。

逃入开城的小西行长如惊弓之鸟，来不及休整又与开城守将小早川隆景弃城逃往汉城。李如松率军进入开城后，联军的粮食开始短缺，而朝鲜丞相柳成龙却不停催明军向汉城继续进军。李如松说："我军进入开城之前，你向我保证，开城之内存有米豆各2万石，可实际上开城不仅没有存粮，就连老百姓也没有吃的，还要明军从有限的军粮中挤出一部分来救济。我们原有约定,收复平壤之后,联军的粮食供应全部由你方负责,可现在运到前线的粮食如杯水车薪。没有粮食,5万大军如何向汉城进发?"柳成龙说:"据我方侦察,汉城的日军主力已经弃城南逃,留守的日军只有几千,天朝军队无须大举前往,只需几千人马即可收复汉城。"于是,李如松带领最精锐的3000骑兵向汉城进发。

朝鲜人的情报再次忽悠了明军。

实际情况是:日军初入朝鲜时进展顺利,将各路军队分散于朝鲜8道,汉城兵力的确不多;但平壤战败之后,各地日军开始向汉城收缩,总兵力已达5万多人。

当李如松率军开进到距离汉城不足60里的碧蹄馆时,被前来迎战的3万日军包围。明军与10倍于己的日军展开了激战。战斗进行得异常惨烈,明军损失达2400多人,李如松也差点被日军俘虏。最后,另外一部明军赶来救援,李如松才艰难撤回开城。

此战,日军虽然获胜,但损兵达8000人以上,再加上对明军虚实尚不清楚,因而也不敢发起反击。明军鉴于精锐丧失,又军粮不足,也无力再与日军硬拼。两军在汉城一线形成对峙局面。

/ 光复汉城 /

战争的转折点发生在对峙时期。李如松探知日军军粮大都存放在汉城的龙山大仓后,决定给日军来一个釜底抽薪。他密令查大受和李如梅率一支敢死队夜袭龙山大仓。龙山大仓本为朝鲜国仓,积贮了朝鲜数十年的粮食。汉城被日军占领后,龙山大仓就成了日军军粮基地,后来日军运来的粮食大都存于此。明军敢死队到达龙山后,把火箭射向粮仓。13座大仓霎时起火,数十万石粮食一夜之间化为灰烬。

军粮一失,汉城的日军立时陷入困境。为了弥补军粮不足,日军派出搜粮队外出分头抢粮。但战争已使整个朝鲜满目疮痍,老百姓个个食不果腹,哪里还有粮食可抢?同时,朝鲜民众组织的义军也日益活跃,日军的搜粮队不断被袭击,搜粮行动没有任何收获。

随着天气越来越冷,日军后勤困难加剧,士兵病死、饿死和逃亡的情况不断发生。4月18日,陷入粮食危机的日军被迫放弃汉城全军南撤。次日,李如松率联军进入汉城。

至此,朝鲜3都8道除南部沿海地区以外全部光复。

粮足兵精，明朝联军驱除日寇

□ 王宝琦

蔚山之战前，万历皇帝发岁饷80万石，雇佣民夫运粮至平壤，邢玠再命令中朝两军将粮从平壤转运到汉城，李昖亲派3队人马再将其从汉城运至蔚山，前线粮料可支5月有余。与明军形成鲜明对比，岛山日军的情况岌岌可危。因为忙于筑城，日本运往岛山城内的军粮十分有限。至明军围城之日，岛山城内的日军已基本断粮。

* * *

日军撤出汉城以后，明、日两军都面临着粮食补给的困难。再加上天气寒冷、士兵厌战，双方都已筋疲力尽，无力再战。于是，和谈又提上了议事日程。但双方的和谈条件差距太大：日本要求将朝鲜南部割让，并与明朝进行朝贡贸易；明朝要求日本全面撤军，对其贸易请求则断然拒绝。双方互不相让，谈判持续近3年后宣告破裂。

/ **烽烟再起** /

1597年7月，日将九鬼嘉隆率领新组建的日本舰队向朝鲜水军发起偷袭。战前，日本曾实施反间计，使朝鲜海军统帅李舜臣遭到罢免。朝鲜新上任的海军统帅元均根本不知兵事，面临日军进攻，指挥混乱。结果朝鲜海军遭到重创，几乎全军覆灭，只有120名水兵驾驶12艘龟甲船逃向闲山岛海域躲藏。

夺回制海权后，丰臣秀吉于8月命令加藤清正、小西行长、岛津义弘、毛利辉元率领12万日军向汉城进军。日军攻势凶猛不亚于当初，很快就占领了汉城以南全部地区。汉城门户尽失，危在旦夕。

朝鲜再次向北京求援。

这一次，明朝任命兵部尚书邢玠为最高指挥官、右佥都御史杨镐为朝鲜经略；动员的总兵力达11.4万人，其中陆军9万人、海军2.4万人；命大同总兵麻贵领兵1.7万人先期入朝拒敌。

麻贵入朝后驻军于汉城以南的稷山，凭借有利地形扼制住了日军进攻的势头，使汉城局势转危为安。与此同时，朝鲜重新起用了李舜臣。李舜臣率领仅存的12艘龟甲船在鸣梁海峡伏击日本海军，重新夺回了制海权。

稷山之战后，日军面临三大困局：一是明朝援军陆续到达汉城，日军进攻受阻；二是制海权丧失大半，后援和粮食不足；三是不断受到朝鲜义兵袭扰，军粮运输困难加剧。在这种情况下，日军转而采取守势：加藤清正退守蔚山，小西行长退守顺天，岛津义弘退守泗川；以釜山为大本营，由毛利辉元驻守。

/ 蔚山之战 /

11月，明军主力在汉城完成集结，杨镐、麻贵统率4.8万大军首先对盘踞在蔚山的加藤清正部发起进攻。

蔚山城南有一座岛山，加藤清正退守蔚山后便开始修筑岛山城，并依据山势在城外连筑3道防线。

日军的防御工事刚刚完工，明军就已攻破蔚山城，向岛山发起了进攻。日军被打得措手不及，明军连破两道防线，眼看岛山城即将得手。然而，就在这关键时刻，杨镐却令人费解地突然下令停止进攻，使日军得到了喘息的机会，明军丧失了大好战机。次日，明军重新组织攻城，但日军已经完成了防御部署。明军连攻两天，伤亡惨重，岛山城难以攻克。

为减少伤亡，杨镐决定对日军只围不攻，欲待其军粮用尽后自行瓦解。

此战，明军粮草极其充足。战前，万历皇帝发岁饷80万石，雇佣民夫运粮至平壤，邢玠再命令中朝两军将粮从平壤转运到汉城，李昖亲派3队人马再将其从汉城运至蔚山，前线粮料可支5月有余。

　　与明军形成鲜明对比，岛山日军的情况却岌岌可危。因为忙于筑城，日军运往岛山城内的军粮十分有限。至明军围城之日，岛山城内的日军已基本断粮。缺水更是一个致命的问题，日军水源被明军切断，加藤清正命人在城内打井，但滴水未见。为了解渴，日军不得不半夜出城从泡满尸体的小河里打水。明军埋伏在河边，一夜连擒100多人。日军饥渴难忍，将战马杀死吃肉饮血，战马吃尽后只好饮尿解渴，嚼纸充饥，甚至以土为食。即便如此，也只能供给操作火炮的士卒，其余的人只能任其饿死。日军原有1.6万，被围10天后，有战斗力的士卒已下降到不足千人。上至加藤清正，下至普通士卒，个个颧凸眼陷，骨瘦如柴，形同饿鬼，朝不保夕。

　　这种局面只要再持续几天，日军即使不投降，也会被全部饿死。但是，岛山以南300里是日军大本营釜山。如果日军主力来援，明军就会处于被动。鉴于这一情况，总兵麻贵认为应该尽早歼灭岛山日军。他建议围三阙一，给城内日军留出一个缺口，诱使其出逃，然后再以伏兵歼之。这个建议本是兵家之常识，但杨镐却拒绝采纳。

　　果不其然，仅仅过了一天，驻守釜山的毛利辉元亲率日军来援，总兵力1.3万，号称6万。杨镐难辨日军虚实，仓皇下令烧掉全部粮食器械向北撤退。日军乘乱追击，明军损失惨重，败回开城。

　　杨镐对蔚山之败负有主要责任，万历皇帝下令将其押回北京论罪。但这个杨镐虽然能力平平，却人缘极好，朝、明两国高官争相为其说好话，最终只受了一个罢官的处分。22年后，此人又当上了辽东经略，在萨尔浒之战中葬送了10万明军。这是后话，暂且不提。

/ 日本战败 /

　　蔚山之战，虽然明军战败，但总的力量对比还是占有优势。此后，明军又组织了几次大的进攻，日军败亡之势已不可逆转。1598年4月，绝望的丰臣秀吉病死于大阪，遗命在朝日军全部撤退回国。

中朝海军乘日军逃跑之际，在露梁海峡伏击日军船队，击沉焚毁日船400余艘，杀敌上万。遗憾的是，李舜臣和明朝老将邓子龙在此战中双双殉国。

露梁海战后，日军全部撤离朝鲜，明朝海陆两军也悉数回国，长达7年的万历援朝抗日战争宣告结束。

这场战争，明朝损兵9.4万人，全国加赋800万两，总支出2000万两，耗粮67.5万石。朝鲜损兵7万，耗粮上百万石，其中被日军抢掠的粮食达65万石，全国百姓死伤十之八九。

日本损兵11.7万人，导致国内民生凋敝、怨声载道。丰臣秀吉死后，其家族的统治地位被德川家康夺取，丰臣家族灭亡。这场战争不论对日本还是丰臣秀吉本人来说，都是一场彻底的失败战争。

徐鸿儒起义：起于粮败于粮

□ 王宝琦

徐鸿儒向饥民宣传，如果皈依白莲教，可以安保终身不贫，能够见到金银山、米面山、油泉、酒井，任何温饱要求都能得到满足。这分明是海市蜃楼般的荒诞之语，但饥寒交迫、生不如死的饥民宁愿相信这是真的。很快，徐鸿儒聚起了几万人的大军。1622年5月，他在郓城揭竿而起。

* * *

万历末年，天灾频繁，官吏腐败，社会矛盾尖锐。山东人徐鸿儒利用白莲教网罗百姓，发动起义。

/ 民不聊生 /

1597年，山东参政吕坤向万历皇帝上疏说："近十年来，没有一年不发生灾害，天下百姓食不果腹、衣不蔽体。地里不产粮食，田地无人耕种，但官府催收的各种课税分毫不减。老百姓被逼得四处流浪，而留下来的人仍要承担全家的税粮；有人已经饿死，活人还要承担死人的劳役。自古以来，最容易作乱的人就是得不到温饱、无依无靠的人，而现在全天下到处都有这样的人。以目前的形势来看，国家已经出现了大乱的征兆，只是还没人站出来领头而已。如果再不采取措施，以后的局势将无法想象。"吕坤长期在外地为官，对百姓疾苦有深刻认识，奏疏所反映的情况以及他对局势的判断都是客观的，但万历皇帝对这道奏疏的处理方式却是束之高阁。

1603年，豫、鲁、徐、淮等黄河中下游一带发生水灾。刑科给事中杨东明上《饥民图说》，细述灾情。为了打动皇帝，杨东明绘了14幅图，每幅图再配以说明文字。如"全家缢死"图配文说："饥民一家大小男女七口……商量将十五岁的女儿卖了。女儿手挽娘衣，哭不忍舍。举家痛心，抱头大哭一场，齐在树上缢死。丢下两岁孩儿，哭天扑地，声声叫娘，无人答应。"这封奏疏果真感动了万历皇帝，当即下旨减免灾区当年税赋，并下拨救灾粮10万石。

10万石是一个不小的数目，但问题是粮从哪里出。即使能拿得出，但经层层盘剥打折，到达各地灾区时还能剩多少？对于上百万的灾民来说，这无异于杯水车薪。

/ 揭竿而起 /

当时，山东巨野一带出现了"民相食，骨肉不相保聚"的惨状。滕县、兖州等地更是饿殍遍野，死者盈道。而明朝政府为了应对后金的扩张，又一再向农民加派辽饷：从1618年9月到1620年3月，短短18个月就先后加饷3次；1621年，又加派关税、盐课及各种杂税。这样，山东饥民被推向了绝路。

山东历朝历代都是战争最频繁的地方，如楚汉相争、南北朝大乱、隋末纷争、安史之乱、宋金之争、元末乱世、靖难之役……每当天下大乱，山东无不首当其冲。山东又是农民起义多发之地，如大泽乡起义、赤眉起义、黄巾起义、王薄起义、黄巢起义、宋江起义、红巾军起义、唐赛儿起义……每次民变无不起于山东或席卷整个山东。战争和灾难造就了山东百姓敢于反抗的性格。

当时，山东流行白莲教，巨野人徐鸿儒是白莲教教主。徐鸿儒向饥民宣传，如果皈依白莲教，可以安保终身不贫，能够见到金银山、米面山、油泉、酒井，任何温饱要求都能得到满足。这分明是海市蜃楼般的荒诞之语，但饥寒交迫、生不如死的饥民宁愿相信这是真的。一时间，巨野、郓城一带的饥民接踵而来、纷纷相投。很快，徐鸿儒聚起了几万人的大军。

1622年5月，他在郓城揭竿而起。

起义军将目标瞄准运河上的粮船，曾截获船只40多艘，一度阻断河道。不到两个月时间，起义军就以滕县、邹县为主要根据地建立了10多个据点，人数达到10万以上。

在起义军攻打滕县时，守城兵丁已不知逃往何处。知县姬文允到任才3天，只得去各街巷挨家挨户敲窗打门、催呼守城。然而百姓早已十室九空，留下来的大都是老弱病残，即使有青壮年百姓，但对于这些吃不饱肚子的饥民来说，城守与不守又有多大区别？因而应者寥寥，姬文允急得哇哇吐血。

起义使社会处于无政府状态，人心的扭曲和暴力的发泄达到了极点。

山东是礼仪之乡，周礼的制定者周公旦被封于鲁，一代至圣先师孔子生于曲阜，亚圣孟子生于邹县，但儒家的仁义道德在饥荒面前显得苍白无力。《管子》有云："仓廪实而知礼节。"在吃饭活命之前，任何道德信条都没有约束力。邹县城外有孟庙和孟子后代居住的世袭亚圣府。乱民在攻打邹县时不由分说将孟家老少全都处死，将孟庙和亚圣府夷为平地。

/ 起义失败 /

山东民变的急报像雪片一样飞向北京。明朝起用已经退休在家的原大同总兵杨肇基为山东总兵，调集东北、天津、登莱、真定、保定等地军队镇压起义。杨肇基首先集中兵力攻破起义军在滕、邹两县之间的峄山据点，切断两县之间的联系，然后将两县分割包围。

滕县被围多日，城内每天都有上百人饿死。杨肇基下令撤围。起义军见官兵退去，便出城打粮。官军乘起义军出城之机攻占了滕县。1万多起义军在滕县无法立足，计划渡过黄河向南方发展，但因缺少船只，只好又折向西北，打算去攻打巨野县。当起义军行经巨野县康家集时，遭到官军埋伏，最后全军覆没。

再说邹县徐鸿儒带领的另一支起义军。这支起义军被围两个月后也遭断粮，又爆发瘟疫，情况十分凄惨。杨肇基了解到这些情况后，对起义军采取了招降的政策。

起义军都是一些饥民，参加起义无非是为了吃饭活命，在杨肇基的攻心战下纷纷弃城逃跑。10月19日，邹县失守，徐鸿儒被俘，起义宣告失败。

粮食,让农民与藩王生死轮回

□ 王宝琦

当李自成率领起义军围住了洛阳时,朱常洵这才搭起粥棚救济灾民,好让灾民吃饱肚子为他守城。临时抱佛脚的做法自然靠不住。洛阳城只守了20多天,就有人打开城门放起义军进城了。

* * *

明朝末年,天灾人祸,粮食奇缺。老百姓活不下去,便揭竿而起,于是轰轰烈烈的农民大起义就此爆发。

/ 饥民遍野 /

农民起义的根本原因在于缺粮。

公元1629年4月26日,时任礼部郎中、延安安塞人马懋才给崇祯皇帝上了一道奏折——《备陈大饥疏》,内容如下:

臣乡延安府,自去岁一年无雨,草木枯焦。八九月间,民争采山间蓬草而食。其粒类糠皮,其味苦而涩。食之,仅可延以不死。至十月以后而蓬尽矣,则剥树皮而食。诸树唯榆皮差善,杂他树皮以为食,亦可稍缓其死。迨年终而树皮又尽矣,则又掘其山中石块而食。石性冷而味腥,少食辄饱,不数日则腹胀下坠而死。民有不甘于食石而死者,始相聚为盗,而一二稍有积贮之民遂为所劫,而抢掠无遗矣……最可悯者,如安塞城西有冀城之处，每日必弃一二婴儿于其中。有号泣者，有呼其父母者，有食其粪土者。至次晨，所弃之子已无一生，而又有弃子者矣。更可异者，童稚辈及独行者，一出城外便无踪迹。后见门外之人，炊人骨以为薪，煮人肉以为食，始知前之人皆为其所食。而食人之人，亦不免数日后面目赤肿，内发燥热而死矣。于是死者枕藉，臭气熏天，县城外掘数坑，每坑可容数百人，用以掩其遗骸。臣来之时已满三坑有余，而数里以外不及掩者，又不知其几许矣……有司束于功令之严，不得不严为催科。仅存之遗黎，止有一逃耳。此处逃之于彼，彼处复逃之于此。转相逃则转相为盗，此盗之所以遍秦中也。总秦地而言，庆阳、延安以北，饥荒至十分之极，而盗则稍次之；西安、汉中以下，盗贼至十分之极，而饥荒则稍次之。

这段文字备述了当时陕北缺粮的惨况。哪里缺粮，哪里老百姓被逼得活不下去，哪里就会有民变。明末两大农民起义军李自成、张献忠就都出自陕北。当年陕北干旱缺粮并非特例，而是全国各地普遍缺粮，陕北只是其中最为严重的地方而已。这道奏疏反映的情况是全国的一个缩影。

/ 兵逼为盗 /

1643年5月24日，河南巡抚秦所式给崇祯皇帝又上了一道奏疏。现摘录如下：

……用兵必裕饷。河南五郡沦没，河北强半蒿莱。额赋五十万，昨年完不及二十万，抚镇缺饷五月有余。此粮饷之大略也。转饷必须民。自经寇十余载，人烟几断，守城、修河、转运，至于稚子荷旗，老妇鸣柝。此民生之大略也……

这段话的意思是说："我的军队没有足够的粮饷，我上报的数字是50万石，但直到去年，落实的还不到20万石，目前已经欠饷5月有余。即使如此，转运粮饷还需要民力，但自民变10多年来，各地人烟断绝，守城、修河、运粮的全是老弱病残。粮食跟不上，这仗我打不下去了。"

秦所式反映的是当时非常普遍的现象。明朝政府内忧外患，既要抵抗后金入侵，又要镇压农民起义。这两件事都需要粮食，但中央政府既没粮，也没钱，怎么办？崇祯皇帝的办法是加饷，一次又一次地向农民摊派战争费用。农民本来就吃不饱肚子，哪里还承受得了更多的负担？活不下去，就聚众造反。于是，明朝陷入了这样的怪圈：官府一加饷，起义的人就增多；起义的人越多，朝廷就要派更多的官兵去镇压，于是再一次加饷。官军与起义军打仗，打着打着，粮饷断了。官军也是人，也要吃饭，连人都要饿死了，还打什么仗？于是，干脆与起义军合在一起抢掠，官军也变成了起义军。

/ 粮食去哪儿了 /

那么，问题就出来了：既然天下连年灾荒，老百姓和朝廷都没有粮食，那么起义军去哪里抢？又抢谁呢？粮食都去哪儿了呢？答案是：粮食被集中到一小部分人手里去了，其中就包括一个特殊的群体——皇族。

第一大皇族自然是皇帝。皇帝富有四海，却有自己的私人土地——皇庄。皇庄的收益不入国库，而归皇帝个人支配。明代皇庄数量巨大，最多时高达700万亩以上。这里不必细说，只说另一大皇族——藩王。

朱元璋建立明朝时，把25个儿子分封到各地为亲王。亲王的儿子除一人将来继承亲王爵位外，其余的都被封为郡王。依此类推，以下又有镇国将军、辅国将军、奉国将军（虽叫将军，但与打仗毫不沾边）等更多的等级爵位。下一任皇帝登基后，再把自己的儿子封为新的亲王。这样一代一代繁衍，全国就会产生很多的藩王。

到了明朝末期，亲王已经多达200多个，郡王以下更是多得数不胜数（有据可查的皇族成员达数十万之多）。

藩王拥有的封地，动辄上百万亩，仅河南9个亲王的封地就占全国耕地总量的1%，全国的情况也就可想而知，这还不算他们私自侵占以及与其沾亲带故和其手下仗势强占的大量民田。除了封地，皇族成员都有俸禄：亲王禄米1万石，郡王2000石，镇国将军1000石，辅国将军800石……

全国加起来是一个极其庞大的数字。

在有些地方，甚至当地全部的财政收入还不够当地皇族的俸禄。

明朝藩王最富有的当属福王朱常洵。朱常洵当初就藩时，万历皇帝要求给予其封地400万亩，这遭到了朝臣的强烈反对。因为就全国而言，一个大府总共才有400万亩可耕地,而一些小府连200万亩都不足。给福王这么多地,那让洛阳的老百姓喝西北风去?最后,封地减少到200万亩。但洛阳膏腴之地不足,又从山东、湖广搜刮良田,才凑足了数。这还不算,福王还有其他特权:特征从江苏扬州到安徽平安沿江所有杂税;享有四川盐井部分收益及每年1300引的淮盐经营权;造府耗银38万两,年俸10倍于其他亲王。

但就是这些皇族成员,他们只愿自己过舒服的生活,而不愿把粮食拿出来救济灾民,对社会和国家不承担任何责任。当起义爆发后,这些人便成了农民军抢掠的主要对象。1641年春天,李自成的起义军就盯上了朱常洵。

当时,河南饥荒,灾民遍野。朱常洵富甲天下,不但对灾民不予救济,就是官军缺粮时,他也是一毛不拔。有一次,朝廷派军去陕西镇压起义。当官军路过洛阳时,有人劝朱常洵拿出一些银子和粮食贴补军用,朱常洵嗜财如命,一分钱、一粒粮也不给。

当李自成率领起义军围住了洛阳时,朱常洵这才搭起粥棚救济灾民,好让灾民吃饱肚子为他守城。临时抱佛脚的做法自然靠不住。洛阳城只守了20多天,就有人打开城门放起义军进城了。起义军全都是饥民,见到朱常洵这个300多斤的大胖子,气不打一处来,一阵乱刀结果了他的性命。史载,饥民将福王与鹿肉一起煮食,称之为"福禄宴"。

且不管"福禄宴"的记载是否属实。总之,洛阳陷落后,朱常洵的银子和粮食都归农民军了。

李自成三围开封　古都缺粮变地狱

□ 王宝琦

开封自古是繁华都市，商业发达，城内百姓没有储存粮食的习惯，即使比较富裕的人家存粮也不多。自从城被围后，市场上交易的粮食价格高得离奇，一粒米贵过一颗珍珠，普通人根本买不起。

***

明末开封人白愚撰写的《汴围湿襟录》记载了李自成的农民军三围开封的事情，兵乱与缺粮的可怕后果令人深思。

/ 一围藩王资粮 /

李自成白攻陷洛阳抢了福王朱常洵的粮食后，把下一个目标锁定为开封的周王朱恭枵。

得到李自成要攻打开封的消息，知县王燮下令将开封城外几十里内的树木全部砍光，水井全部填埋，老百姓以及所有的家畜、粮食全部迁入城内。当时开封缺少兵饷，朱恭枵便拿出几万两白银购买军粮，用来激励士卒守城。

1642年2月，李自成率领几万农民军来到开封城外，打了几仗，发现开封防守严密，又听说有明朝援军将到，便领兵退去了。

/ 二围拒死守城 /

到了12月，李自成再次兵临开封，这一次农民军数量多达50多万。

当时正值寒冬，守城的官兵很多人被冻饿而死。王燮来到周王府，对朱恭枵说："城破旦夕，王多积藏，万一失守，恐非王有！乘此人心未危，兵民可鼓，重赏特犒之，或可救急！"于是朱恭枵又拿出数万饷金，遍赏士卒。开封城内的其他乡绅也在街头支起几百口大锅，向军民昼夜供食；商贾店铺给官兵送去棉衣棉被，每天向城头送饭送水。官兵士气由此大振。

王燮派人暗查农民军情况，发现精兵只有3万多，其余都是新入伙的饥民。精兵是跟随李自成多年的老兵，是农民军的主力，每天吃3顿饭；而新入伙的饥民每天只吃两顿饭。有一次，饥民攻到城下，王燮对他们喊话："尔皆乡民被迫，原非本心，连日得食否？"下面回答："食从何来？"王燮便给他们投下一些面饼，然后嘱咐说："尔能把住洞口，反戈杀贼，若刺贼有效，仍以功论。"这些人便倒戈投降了官军。

到了第二年1月，农民军见开封城难以攻下，又弃围而去了。

/ 三围人间地狱 /

1643年夏，正值麦子收割时，李自成率领农民军第三次来打开封。此次，军队数量已号称百万。鉴于前两次强攻受挫，这一次，农民军收割了城外所有的麦子，准备对开封长期围困。

开封自古是繁华都市，商业发达，城内百姓没有储存粮食的习惯，即使比较富裕的人家存粮也不多。自从围城后，市场上交易的粮食价格高得离奇，一粒米贵过一颗珍珠，普通人根本买不起。一些乡绅大户携带珠宝换米，小一点的珠子被丢弃在地上没人留意，但如果有一粒米掉在地上，马上就会有人捡起来。

围城俩月之后，城内粮食交易已经绝迹，普通百姓十室九空，3/10的人被饿死。朱恭枵拿出自家最后一批存粮，在王府门前搭起粥棚舍粥赈济，无奈人多粥少，每人每天只能领到一碗清汤。但就是这一碗清汤，也只有大户人家的人和青壮年才能挤到锅边就食,老弱之人根本抢不到,每天被踩踏而死的达好几百人。后来,官府打开水门,让百姓出城到郊外采挖野菜充饥,但却发现有起义军的间谍从水门出入,于是又封锁洞口,昼夜防守,不再允许一人出城。

到了8月,被饿死的百姓已经过半。官兵开始结队闯入乡绅大户家里搜粮,翻箱倒柜,挖地三尺,一粒粮食也不放过。即使是小孩子怀里藏着的一块面饼,也会被搜去。后来,又把一些乡绅抓到官府去拷打,勒令交出粮食,很多人因此死于非命。

8月底,饿死的人已达十之七八,城内情况惨不忍睹。且看《汴围湿襟录》的记载:

时至八月终,在围之人,饿死者十七矣。即有亦无粮可置。或摘树头青,或买药中饵,或刮树皮为羹,或剜草根,或搩粪中之蠐,或捞河中饲鱼小虫,以及皮胶、故纸、涨棉、炸草之类,无不入口以延旦夕。老稚形骸如鬼,奄奄气息仅存……粮草久绝,战马无用,各军缺食,抚军下令:马听军官宰杀充饷。兵杀一马,杂以人肉,每斤卖银价至数两,一马可值千金。古谚云"卖狗悬羊",今见卖人悬马矣。

粮尽之日,家家闭户,甘心待毙。白昼行人断绝,遇有僻巷孤行,多被在家强壮者拉而杀之,分肉而啖,亦无人觅。间有鸣官,亦不暇为理;虽出示禁拿,亦不胜其禁也。甚有夜间合伙入室,暗杀其人,窃肉以归。居民虑不自保,先将仆婢自杀而啖,尤不忍闻者,父食其子。天地冤惨,日月为昏。

粮尽矣,强兵唯以杀人为食,僻街小巷之民,皆团聚大市而居,互相为卫。不唯剜尸以炊,亦且折屋而烧。画栋雕梁,顿成破壁。人家烟绝灶冷,飞鸟远飏绝迹。昔睢阳(唐安史之乱,真源县令张巡孤守睢阳,粮尽,军民掘鼠罗雀而食,全城无人生还)犹有雀可罗,鼠可掘。今则鼠雀尽无,往史未见。

官兵因粮尽,假借偷营,投贼不回;亦有将采菜难民乘无人杀死,割级报功图赏。恐家属识认相貌,复将面上加砍数刀,以变其形。天晓携级入城,献功一级。常随百人抢买,价至数两,兵忍民冤,今古罕见。

……

后来,王燮突围到河北道求救,河北道守将杨于古征集几千百姓,每人背3斗粮食，由3000官兵护送，准备夜渡黄河，偷送到开封。王燮制止说："闻贼严把堤口，我兵岂能飞过？不唯兵民不能敌贼，且徒以多粮遗贼耳。"送粮的事就此打住。

到了9月，秋雨连绵，黄河决口，洪水直扑开封，农民军为躲避洪水而撤围离去。开封城除周王府等几处地势较高的地方，其余都被淹没在了一片汪洋之中。

洪水过后，经官府统计，开封原84坊上百万人口，经此劫难，死去者达9／10，幸存者不足10万。

坐失粮策，明朝遭遇萨尔浒之战

□ 王宝琦

明朝前敌总指挥杨镐将10万明军分成4路，准备从4个方向同时向后金都城赫图阿拉进发。明军在后勤工作尚没到位的情况下就仓促出发了。而杨镐不知是怎么想的，又把明军的具体出发时间派人通知了努尔哈赤。

* * *

公元1616年，努尔哈赤统一了除叶赫以外的女真各部。这一年，他即位称汗，建都于赫图阿拉，立国号为"金"，史称后金。一场酝酿已久的针对明朝的重大军事行动即将到来。

/ 明朝坐失粮策 /

早在1608年女真尚未统一的时候，时任明朝辽东巡按的熊廷弼已经觉察到了努尔哈赤的威胁。为此，他提出了"实内固外，以夷攻夷"的守辽方略。这个方略有以下三大要点：

第一，屯田积储。即安抚辽民，收抚难民，让他们安心屯田，以此增加军队的粮食来源，节省军费开支。

第二，加强边防。即加固城池，充实兵员，严防后金来犯，保护边民屯田成果。

第三，资助北边的叶赫与西边的蒙古，使其对努尔哈赤用兵；同时策反女真内部反对努尔哈赤的势力，使其自顾无暇，没有余力打明朝的主意。

熊廷弼还修建了针对女真的700多里边墙，加固了辽阳、沈阳、抚顺等城，增修了清河等7城及100多座墩台；兴建粮仓7座，积粮30多万石；核实军员，惩治贪腐，整肃军纪，加强练兵，提高了军队的战斗力。

熊廷弼的一系列举措使正在崛起的努尔哈赤不敢轻举妄动。如果这些措施能继续执行下去，也许努尔哈赤至死也不敢对明朝用兵。但好景不长，熊廷弼担任辽东巡按只有3年就被调离，这样他的守辽方略也就没有人实施了。

/ 努尔哈赤欲攻大明 /

在努尔哈赤称汗的那一年，后金发生了大水灾，农田被淹，粮食颗粒无收。紧接着又暴发瘟疫，人畜成批死亡。努尔哈赤召集会议研究对策，有人建议进攻蒙古，有人建议讨伐叶赫，有人说可以袭击朝鲜，努尔哈赤对这些意见一一予以否决。大家疑惑了：要是以前四分五裂的时候，发生这样的大灾，女真各部一定会自相残杀，但现在统一的后金除了对外发动战争转嫁危机以外还有更好的办法吗？所有人不约而同地望着努尔哈赤。

只听努尔哈赤从牙缝里挤出两个字："大明。"他说这两个字声音不大，但如同一声惊雷。大家都惊呆了：努尔哈赤一直对大明恭顺有加，当时还身兼大明龙虎将军的职务；况且明朝地大物博，军队上百万，而后金总共不过40万人，军队只有6万人，凭什么向大明叫板呢？努尔哈赤站起来慢慢说："我看出了大家的疑虑，你们都觉得后金太弱，不应该挑战大明，但我的看法正好相反。我曾7次去北京进贡，沿途发现明朝军备废弛，将领除役使士兵为自己做生意赚钱，还冒领军饷、克扣钱粮。明军从不练兵，战马瘦弱，军纪涣散，根本没有战斗力。明朝皇帝20多年不理朝政，朝中大臣个个贪污受贿，对国家利益漠不关心。这样的大明有什么可怕的？"

/ 明军兵败萨尔浒 /

经过两年准备，1618年4月，努尔哈赤对天宣布与明朝有"七大恨"、无数小恨，亲率八旗兵突袭明朝辽东重镇抚顺。明军毫无防备，守将李永芳城破投降。辽东总兵张承荫亲率1万明军救援，中途遭袭，全军覆没，张承荫战死。后金俘获人畜30万、粮食物资无数。7月，努尔哈赤再陷辽东重镇清河，掠取地窖谷物，牧马于农田，并纵兵屠城，清河到抚顺一带人烟断绝。

消息传到北京后，明朝君臣大受震撼。万历皇帝当场决定调兵讨伐，犁庭扫穴，活捉努尔哈赤。

但是明朝当时全国各地起义不断，财政支出捉襟见肘，要拿出更多的钱粮从各地调兵征讨后金，其困难可想而知。有的受征军队已经起程，但因为钱粮无法落实又只能作罢。最后经过9个月的准备，直到第二年2月，才调集了不到10万兵马。

当时，明朝任命的前敌总指挥是杨镐（这个人曾经指挥明军在朝鲜与日军作战，因不会用兵而打了败仗）。

杨镐将10万明军分成4路，准备从东、西、南、北4个方向同时向后金都城赫图阿拉进发。明军在后勤工作尚没有到位的情况下就仓促出发了。而杨镐不知道是怎么想的，又把明军的具体出发时间和方案派人通知了努尔哈赤。

努尔哈赤针对杨镐的部署制定了"任尔几路来，我只一路去"的作战方针，集中八旗全部兵力，准备对来犯明军予以各个击破。

战争的经过无须细说。总之，由于缺粮、消息不灵、指挥不力等众多原因，4路明军进军很慢，而且没有按预期同时到达。明军的时间差被努尔哈赤利用。3月1日，西路明军开进到赫图阿拉以西120里的萨尔浒时遭到后金军截击。经过一夜激战，3万明军全军覆没。3月2日，北路明军在尚间崖遭袭溃败。3月4日，粮食最为短缺的东路明军为了赶时间，轻装冒进，结果在距赫图阿拉50里的阿布达里岗遭到伏击，全部被歼。南路明军听到另外3路的败报后不战而回。

萨尔浒之战，明朝损失将领310名，阵亡士兵45870人，从此再也无力对后金发起反击，前线形势转入被动。

熊廷弼难施粮策　明朝痛失辽东

□ 王宝琦

萨尔浒之战后，辽东首府辽阳告急，明朝急调熊廷弼主持辽东军务。熊廷弼提出了对努尔哈赤"坐困转虑"的战略设想，使明军兵力增强。按照他的策略，冬季即可去抚顺关示威，次年春天进驻抚顺，然后伺机向努尔哈赤发起进攻。但明朝实在太腐败了，就在辽东形势刚有转机时，朝廷中的一些人开始散布谣言、弹劾熊廷弼……

* * *

萨尔浒之战后，努尔哈赤乘胜进兵，又攻下了开原和铁岭两大重镇，下一步准备攻取明朝的辽东首府辽阳。

明朝急调熊廷弼再次主持辽东军务。当熊廷弼到达前线时，辽阳已半是空城，人心惶惶：很多商民都已逃离；行政官员和将领也已备好快马，准备出逃。熊廷弼立即采取措施，以送走家眷、动摇人心的罪名将知州李昌皓逮捕下狱；处死犯有贪污罪的将领陈伦，没收其赃银；撤销纨绔子弟李如桢的总兵职务；斩逃将刘遇节、王文鼎、王捷，震慑欲逃者；对在开原、铁岭之战中殉难者举行公奠，鼓舞士气，使军队和民心得以安定。

/ **熊廷弼难施粮策** /

为了推迟努尔哈赤进攻辽阳的时间，熊廷弼使出疑兵之计，将防守沈阳的部分兵力调到辽阳，大飨士卒，准备干粮行具，装出要出兵的样子；带领1000骑兵踏雪前往后金占领的抚顺关，以马鞭指点地形，大声说什么地方可以扎营、何处可以伏兵、哪里又能布防，故意让后金间谍听见，然后取道返回。努尔哈赤果真以为熊廷弼要袭击他，于是赶紧加固自己的防线，打消了进攻辽阳的念头。熊廷弼赢得了时间，对辽阳城予以加固，同时充实军员、战马，筹集粮草，使前线形势很快得以稳定。

在此期间，熊廷弼提出了对努尔哈赤"坐困转蹙"的战略设想：把自己的军队分成4路，分别置于叆阳（现更名为"爱阳"）、清河、抚顺、柴河三岔河间，每路3万人，自成一能战能守的战区，而且可以相互照应；各战区组成机动部队，如后金有零星部队南下扰边，就由这些机动部队将其消灭；而到了农忙时节，各路则实行互进迭扰的战法，使后金不得耕种，陷入困境，然后相机或四路同时，或三路牵制一路进讨，逐渐向后金逼近。

第二年9月，熊廷弼已集结兵力13万、重炮数百门、中炮3000多门、小炮上千门、战车4200多辆、箭镞42万枝，准备到了冬季就去抚顺关示威，次年春天进驻抚顺，然后伺机向努尔哈赤发起进攻。

但明朝实在是太腐败了，就在辽东形势刚有转机时，朝廷中的一些人开始散布谣言、弹劾熊廷弼。1620年9月，明朝罢免了熊廷弼，改任袁应泰为辽东经略。

/ 袁应泰痛失辽沈 /

当时，辽东大旱，后金粮食奇缺，努尔哈赤急需对明朝用兵。当得知熊廷弼被罢免之后，努尔哈赤便于1621年春天迫不及待地发起了进攻辽阳、沈阳的战役。

袁应泰曾经当过知县、按察使，是个很有政绩的官员，但兵事非其所长。他一改熊廷弼"坐因转蹙"的战略，贸然出击，又将大量后金间谍放入城内，最终导致辽阳、沈阳两大重镇全部失陷，自己也自杀身亡。

此后，努尔哈赤乘胜南下。时间不长，辽河以东大小70余城全部失陷。

王化贞再失广宁

辽沈之战后,明朝认识到当初罢免熊廷弼是个巨大的失误。1621年3月,天启皇帝朱由校再次起用熊廷弼为辽东经略。此时,辽东形势比以往任何时候都严峻:明军死的死,降的降,逃的逃,百姓争相逃往关内;广宁仅有残兵千余人,后来收集流亡人员,也仅仅万余人;战马寥寥,粮食匮乏,装备全无,散不成军。

面对这种形势,熊廷弼提出了"三方布置策":一是以广宁为基地,部署重兵,牵制后金全部兵力;二是在天津、登州、莱州等地设置水军,伺机从海路进攻辽南地区;三是经略驻守山海关,统一指挥、节制三方;联络朝鲜,策应明军行动。这个方略的重点是将后金主力牵制于广宁一线,然后出奇兵进攻其后方,以期阻止努尔哈赤的进攻,进而再图收复辽东。为此,熊廷弼请求朝廷:抽调各镇精兵20万赴辽,筹措军饷,组织人力向前线运输粮食,提拔任用有为将领,加紧制造武器。

但是,驻守广宁的巡抚王化贞在准备工作尚未做好的情况下提前开始了军事行动。当时,王化贞手下有兵将多达14万人,而且朝廷有首辅叶向高、兵部尚书张鹤鸣两大后台。而作为经略的熊廷弼身边只有5000士兵,职务虽在王化贞之上,却无法对其加以节制。这样"三方布置"策略就落空了。

1622年正月,努尔哈赤率5万铁骑渡过辽河向西平堡发起猛攻。王化贞派心腹孙得功率广宁驻军前往西平堡增援。孙得功早就与后金暗中勾结,遇到后金军刚一交战就"败"回广宁,然后封锁火药库,控制城门,准备活捉王化贞,迎接努尔哈赤进城。王化贞狼狈出逃,在大凌河遇上了熊廷弼,他还想退到宁远再阻击后金军,但熊廷弼说:"广宁失了,一切都晚了。"他把自己所部5000兵马交给王化贞殿后,自己护送溃逃的军民退回了山海关。不久,王化贞也退入了关内。

努尔哈赤占领广宁后,将明军储备在各个城池的粮食、器械全部运回辽阳,将辽河以西人口全都迁到辽东,后金实力进一步强大。

缺粮，宁锦防线苦苦支撑

□ 王宝琦

就在后金攻打宁远的过程中，努尔哈赤探知明军在觉华岛存有军粮，于是分兵杀向那里。后金铁骑踏冰攻岛，岛上军民日夜不停地破冰，有人连十指都冻掉了，但破冰的速度赶不上封冻的速度。最后，1.4万军民全部被杀，2000粮船被焚，8万石粮食被劫。

* * *

/ 孙承宗筑防宁锦 /

1622年正月，山海关。

辽东经略王在晋与监军袁崇焕发生了巨大分歧：王在晋主张守山海关，而袁崇焕则欲守宁远。

不久，大学士孙承宗来山海关巡视。在军事会议上，王在晋说："眼下辽东年年受灾，不是洪水就是大旱，还有蝗灾、瘟疫。如果努尔哈赤远途来犯，必然面临后勤运输的困难。我们将关外军民悉数撤入关内，对其坚壁清野。关外赤地千里，杳无人烟，后金军得不到粮食补给，难以立足，必然退兵。"孙承宗对王在晋坚壁清野的主张并无异议，但不同意将防线收缩在山海关，他支持袁崇焕在关外200里的宁远筑城守敌的意见。

8月，孙承宗接替王在晋任辽东经略。他提出"以辽人守辽土，以辽土养辽人"的主张，在宁远和觉华岛两地驻军防守后金。当时，山海关名义上有兵7万，实则是弱兵多、精兵少。孙承宗淘汰庸将数百，遣返弱兵上万，将剩余的军队重新整编，将帅常驻军营，做到兵不离将、将不离帅。同时，他下令修复宁远城，竣工后由袁崇焕驻守。

为补充军需，他召集辽人回故居，垦荒屯田，重建家园；发展采煤、煮盐、海运，充实民力。经过3年治理，宁远城初具规模，成了一座军容整肃、商业繁荣、粮食充足的军事重镇。在此基础上，他又从宁远向前推进200里，修复锦州等城，形成了以宁远为中心的宁锦防线。然而，辽东防务刚有一点起色，魏忠贤阉党集团就罗织罪名，攻击孙承宗有叛逆之心。昏聩的天启帝免了孙承宗之职，任高第为辽东经略。

/ 袁崇焕两败后金 /

高第到任后又回到了原来王在晋的方略上。他下令撤除关外一切防务，将军队和百姓全部迁入关内。当时，百姓已在关外屯田3年，不忍离开，但高第强令百姓内迁。袁崇焕接到命令非常气愤：难道高第要把3年来的屯田成果和宁锦防线白送后金吗？他回复高第，自己将与宁远共存亡，绝不后撤。

1625年，辽东大旱。后金赤地千里，颗粒无收，牲畜饿死，百姓相食。次年正月，努尔哈赤亲率6万八旗铁骑来攻宁远。袁崇焕下令城外守军全部撤入城内，坚壁清野。他刺血为书，誓师全军，亲手杀牛宰羊，慰劳将士。

后金军发起进攻后，明军城楼上火炮齐鸣，万箭齐发，八旗兵死伤惨重，连攻两天无法成功。最后，努尔哈赤被飞来的炮石击中，受伤坠马。后金军见主帅受伤，匆匆收兵退去。

就在后金军攻打宁远的过程中，努尔哈赤探知明军在觉华岛存有军粮，于是分兵杀向那里。觉华岛距海岸9公里，因有大海阻隔，守岛军民没有撤离。但袁崇焕没有想到，就在后金来攻宁远的这几天，天气却骤然转冷，海水被冻上了一层厚冰。后金铁骑踏冰攻岛。岛上军民日夜不停地破冰，有人连十指都冻掉了，但破冰的速度赶不上封冻的速度。最后，1.4万军民全部被杀，2000粮船被焚，8万石粮食被劫。

此战虽有觉华岛之失，但由于击退了后金军，因而被明朝定性为"宁远大捷"。一年后，袁崇焕在宁远再次击退后金军的进攻，取得"宁锦大捷"。

尽管袁崇焕两败后金，但也遭到了魏忠贤的诬陷打击。袁崇焕在前线难以立足，只好辞职归乡。

崇祯帝惜财如命

1628年，崇祯帝登基后肃清了魏忠贤阉党集团，起用袁崇焕为蓟辽督师，由他全面主持辽东军政事务。

当时，宁远前线军饷十分欠缺，士兵已经4个月没有领到饷银了。巡抚毕自肃屡次上疏请饷无果，最终激起士兵哗变。袁崇焕到任后杀了贪污军饷的军官，惩治了带头哗变的士兵。哗变虽然平息了，但拖欠的军饷仍无着落。袁崇焕向户部要钱，户部说国库已空。他只好上疏请崇祯帝动用内帑（皇帝的私房钱）救急。

崇祯帝是个守财奴，见袁崇焕到边关一仗未打却一个劲地要钱要粮，在召集群臣讨论时没好气地说："都说袁督师爱兵如子。如果真如家人父子，士兵怎么忍心哗变呢？"户部侍郎周延如听出了崇祯帝的弦外之音，阴阳怪气地说："莫非袁督师把给士兵买粮食的钱挪作他用了？"崇祯帝一听这话，开始怀疑袁崇焕在恃边逼饷、中饱私囊，但为了"辽东大计"，还是勉强发去了饷银。

但崇祯帝发的饷银不是内帑，而是"三饷"，即辽饷、练饷、剿饷，属于向全国百姓额外加收的税赋，最多时一年达2700万两。

1629年10月，皇太极绕过宁锦防线和山海关，借道蒙古打到了北京。袁崇焕急率精骑星夜驰援。皇太极实施反间计，说袁崇焕勾结清兵入关，蓄意谋反。崇祯帝信以为真，将袁崇焕逮捕入狱，最后以"谋叛欺君罪"处死。

袁崇焕死后，辽东前线更加缺钱缺粮，军队如同流寇，成群结队到百姓家里抢掠，但遇到清兵却一触即溃。1644年3月，李自成率领农民起义军攻破北京，崇祯帝自缢煤山，而此时皇宫内库里还存着白银3000万两、黄金150万两。

松锦大战：粮食摧毁明军防线

□ 王宝琦

松锦之战是明朝在山海关外抵抗清军的最后一战。此战，明朝国库空虚，粮食不足，崇祯皇帝不懂军事又乱加指挥，导致明朝守军陷入粮断无援、以人为食的绝望境地。最终，宁锦防线不战自破。

* * *

/ 清军义州屯田　明军锦州缺粮 /

明朝末年，清军屡屡进犯，明军节节败退。至崇祯十二年（公元1639年），明朝在山海关外只剩下5座城池：从北到南依次为锦州、松山、杏山、塔山和宁远。是年2月，皇太极亲率八旗铁骑攻打松山城，企图断绝锦州内援。锦州军民奋力抵抗，清军伤亡惨重。4月，皇太极撤兵返回沈阳。

松山失利使皇太极深感明朝宁锦防线坚固。于是，他调整对策，制定了"屯田为本，步步紧逼，长期围困，迫敌投降"的战略。该战略的实施共分3步。第一步是于次年3月派郑亲王济尔哈朗率大军前往锦州以北90里的义州（今辽宁义县）筑城屯田。一个多月后，即"修城筑室，俱已完备，义州东西四十里地，皆已开垦"。第二步是对锦州外围的明军据点进行袭扰，使明军屯垦无法正常进行。5月，又将锦州城外东、西、北三面的庄稼全部收割。第三步是逐次攻占锦州城周围的明军墩台和哨所，在城外挖壕筑堑，轮番值守，长久围困。

皇太极此举真是厉害，锦州立时陷入困境。锦州守将祖大寿向崇祯帝奏报："锦城米仅供月余，而豆则未及一月，倘狡虏声警再殷，宁锦气脉中断，则松、杏、锦三城势已岌岌，朝不逾夕矣。"

/ 多尔衮围城失策　洪承畴偷运军粮 /

面对辽西危局，崇祯帝任命正在陕西围困李自成起义军的洪承畴为蓟辽总督，前往辽西指挥军务。洪承畴认为，当务之急是保证锦、松、杏、塔等城的军粮供应；否则，没有粮食，别说锦州之围无解，就是驻守于松、杏、塔等地的援军也难以坚守。当时，清军阵前总指挥是多尔衮。他未能彻底执行皇太极的围困方略，允许士兵轮流回家探亲，并将主力后移，与明军保持一定的距离。洪承畴抓住这一难得机会，将大批粮食从宁远运入塔、杏、松、锦诸城，从而使各城粮食有了基本保障。

皇太极对多尔衮的失策极为愤怒，严厉斥责多尔衮："原令由远渐近，围逼锦州以困之。今离城远驻，敌必多运粮草入城，彼此相持，稽延月日，何时能得锦州耶？"1641年3月，皇太极改任济尔哈朗为前线总指挥。济尔哈朗率4万余骑逼近锦州城6里处安营扎寨，在城外"每面立八营，营深壕，沿壕筑垛口，两旗之间，复浚长壕，近城设置卒哨探"，锦州城被围得水泄不通。济尔哈朗又派间谍混入城内，策反明军中的蒙古兵。不久，守卫锦州东关外城的蒙古将领诺木齐等发动叛乱，清军乘机攻陷了锦州外城。

锦州城内人心惶惶，局势危急万分。

/ 攻守之势逆转　明军错失战机 /

在锦州危机频频的同时，明朝也在加紧调兵遣将。4月16日，曹变蛟、王廷臣、吴三桂、王朴、杨国柱、唐通、白广恩、马科共8位总兵率13万人马集结于宁远。4月下旬，洪承畴派杨国柱率一支精兵前往松山以探虚实。杨国柱在松山城北与清军激战，夺得军营3座，杀伤人马甚众。明军由此士气大振，逐渐掌握了战场上的主动权。皇太极又将济尔哈朗免职，再次起用多尔衮为前线总指挥。

远在北京的崇祯帝得知明军打了一次小胜仗，头脑有些发昏，再加上明军粮食供应日益吃紧，于是任命职方郎中张若骐为宁远监军，往前线催洪承畴出战。洪承畴原计划打持久战，步步为营，伺机杀敌，但此时迫于朝廷的压力，不得不与清军决战。

7月26日，洪承畴在宁远誓师，将粮食囤于塔山近海的笔架山，率全部主力来到松山城北驻扎。明军从南面以火炮攻击清军，祖大寿则在锦州城上向清军开炮。清军腹背受敌，处境极为被动。多尔衮紧急向皇太极上疏求援。

在此期间，明军筹划军备的绥德知县马绍愉建议，乘清军暂处劣势而明军士气正盛之时发起总攻，但这个建议未被采纳。大同监军张斗又建议派一路军队驻守于松山以南的长山岭一带，以防清军抄袭后路，劫取笔架山存粮，但这一建议也未被采纳。

明军错失了两次宝贵的战机。

/ 明军粮草被劫　宁锦全线失守 /

8月19日，皇太极率援军到达松山前线，将主力驻扎在松山和杏山之间，在每个路口挖掘3道深8尺、宽1丈多的深壕以堵住明军归路，又派兵夺取了明军囤于笔架山的军粮。

明军对皇太极的迅速到来始料未及，又见后路被抄、粮草被劫，一时军心不稳。21日，洪承畴指挥明军与清军决战，胜负未分。明军粮食仅够食用3天，形势急转直下。当天夜里，洪承畴召集部下商讨对策。洪承畴主张以战图存，趁粮食未尽之前与清军再次决战。但监军张若骐主张返回宁远取粮，大多数将领也支持这一意见。洪承畴难违众议，遂决定由自己和曹变蛟、王廷臣两位总兵继续驻守松山，由吴三桂等6位总兵分两路强行突围，等回宁远拿到粮食后再回头夹击清军。

皇太极料到明军缺粮，可能会在当夜突围，于是"遣诸贝勒大臣，各以精兵伏于杏山、连山、塔山及沿海诸要路"。

出逃的明军全部落入了清兵伏击圈。明军不辨方向，四散奔逃，自相踩践，死伤无数，另有"赴海死者以数万计……海中浮尸漂荡，多如雁鹜"。

26日，吴三桂等6位总兵率3万多残兵逃回宁远，已不敢再战。

洪承畴困守松山，人多粮少，开始每人每日发米2碗，不久只能发米1碗，后来杀战马充饥，最后出现了"人相食"的惨况。洪承畴数次组织突围，皆告失败。次年2月28日，城破，洪承畴被俘，曹变蛟、王廷臣等3000余人被杀。松山陷落后，锦州守将祖大寿自知解围无望，且"城内粮尽，人相食，战守计穷"，于3月8日献城降清，明军8000余人被斩。4月9日，塔山失守。22日，杏山陷落。

此战，明军损失兵力53780人、战马7440匹、甲胄9346件、火器辎重无数，宁锦防线全线失守，阻挡清军铁骑的只剩下山海关外的宁远孤城。

明朝为什么打不过后金

□ 王宝琦

以实力而论，明朝地大物博，总人口6000万以上，常备军200万以上，辽东驻军10万左右，并配备有先进火器，生产力发展水平已进入资本主义萌芽阶段；而后金兴起于东北最严寒之地，总人口不过40万，全部兵力只有6万，武器几乎全为冷兵器，生产力水平尚处于奴隶社会。以这样的实力差距，后金向明朝挑战，胜算似乎为零。然而，从1618年萨尔浒之战到1647年清兵入关的近30年内，明朝对后金却没有打过几次胜仗。

为什么明朝打不过后金呢？

* * *

/ "九边"军屯成果大 /

我们不妨先说一说明朝的"九边"军屯。

明朝建立后，朱元璋在北方边陲设立辽东、蓟州、宣府、大同、榆林、宁夏、甘肃、太原、固原等九大军镇，即所谓"九边"。从此，大规模军屯在"九边"展开。

"九边"屯守比例是"三分守城，七分屯种"。每名屯兵给田50亩，种子、农器、耕牛由国家提供。收获后，每人上交税粮12石，存于屯仓，由驻军支配；剩余的全归屯兵个人所有，作为其俸粮。

"九边"军屯收效甚大。明人叶春及说:"国初……边储之所运,军需之所征,供于民者无几也。军多为农,故虽额设数百万而不见其冗;食出于军,故虽岁费数十万,而不见其匮。"以辽东为例,自洪武至永乐年间,驻军9万人左右,屯田253万余亩,军食自足,年均上交税粮70余万石。

明朝初年,朱元璋九伐蒙古,朱棣五征漠北。如此频繁的军事行动,如果没有军屯做支撑,恐怕一次都难以实现。还有万里长城。当年,秦始皇只是把原来燕赵长城连接了一下,就引起全国震动。而明初依托"九边"重修万里长城,工程浩大岂止数倍于秦,却未引发社会不安,更未导致财政危机。这样的奇迹,军屯功不可没。

/ 军屯废弛输粮于边 /

军屯废弛缘于军队的贪腐。刚开始,军官只是偷卖一些军粮,或者在军士亡故后窃据其屯田。后来,竟公然侵夺军士屯田,并将膏腴之地据为己有,把差田、薄田留给军士。军官的田地增多,得雇人耕种,军士是现成的免费劳动力。如此年复一年,军士就破产了。破产的军士无法养家糊口,于是就开始逃亡。永乐时期,全国卫所军编额约270万人,而正统时在额军士只有150万人,到弘治年间已不足30%,弘治以后就更少了。军士逃亡,使得军官的私田更多,需要更多的军士为其耕种,这又造成更多的军士破产、逃亡。于是,"九边"军屯陷入了恶性循环,最终导致军屯废弛。

为了补充兵源,国家不得不从内地重新招募士兵。招募的士兵不再屯田,需要国家定期为其发放粮饷。而军屯已经废弛,军粮无法就地解决,于是国家就从内地向边关输送粮食。但政府组织能力太低,运粮成本很高、效率很差。以辽东为例,从北京运去1石粮食,途中消耗高达3石。

这样就导致"九边"地区屯仓空虚,粮草缺乏,边防虚弱,边患不断。明朝中期,蒙古骑兵曾4次突破长城防线,并2次兵临北京;崇祯时期,清军入关更是家常便饭,5次破关南下抢掠,如入无人之境。

缺粮何以守辽东

万历初年,张居正在全国推广"一条鞭法",对税收制度进行了改革。

改革后,政府不再向种地农民征收粮食,而是统一收钱。与此相适应,官兵的俸禄也由原来的发粮饷变成了发饷银。

但官兵拿钱买不到粮食,因为市场上粮价太高了。万历三年(1575年),辽东米价为0.4两/石,万历四十六年(1618年)为1.7两/石,而天启元年为12两/石。粮价飞涨的原因,一是战争、灾荒导致运粮风险和成本增加,二是官商勾结、人为炒作。这样,政府就要不断向辽东追加军饷。嘉靖以前,辽东军饷每年是1万两,嘉靖年间为20万两,万历时期已高达60万两,而崇祯时则突破100万两。即使如此,仍无法满足辽东驻军所需。

与此同时,明朝的官僚系统已经腐败透顶。皇帝是最大的贪官,在国家正常的税收系统之外另起炉灶,派大量太监直接到全国各地收矿税,为自己捞私房钱。在这样的皇帝的带动下,全国官员怎能不争相贪腐?万历皇帝在位时,兵科都给事中侯先春在"阅视辽东"后说:"领卒将官,尽是婪秽之辈。""春发银五钱,秋收参一斤;春发银一厘或一卵,夏索鸡一只。""辽左之军,唯家丁选锋月粮一两三钱出耳,更叠科克,所剩几何?"辽东监军太监把仓屯设在距军营很远的地方,士兵领到月粮,无法全部背回去,只得低价卖出。他又把瘦马、病马发给士兵,好马则索价10倍。萨尔浒之战后,眼看开原危急,但开原道推官郑之范依然克扣军饷如故,竟至1日饿死战马249匹;上万马匹,缺少饲料,散牧于百里之外,"贼至猝不及收"。

王崇之在《辽阳时政疏》中说,按平时标准,供养1个步兵每年成本大约费银10两,1个骑兵大约20两。而实际情况是:"每军每月仅得三钱五分耳。米粮腾踊,饔殆不饱,又安望得其欢心而令之出死力耶?"灾荒和战争使辽东缺粮,政府运粮组织能力太差使辽东更加缺粮,而无药可救的官场腐败更使辽东缺粮雪上加霜。正因如此,熊廷弼到任辽东后首要之事就是屯田,孙承宗更是提出了"以辽土养辽人,以辽人守辽土"的方略,袁崇焕未到辽东就向崇祯提出要保障军饷,但没有一人能够实现自己的守辽方略，而洪承畴、祖大寿更是在无饷无粮的困境中投降了清军。

《明经世文编》里有段话："此患（指辽东），不在兵之不强，而在食之不足。食足则兵强，兵强则守固矣。"这或许可以作为明朝为什么打不过后金的一种解释吧。

粮尽而亡：明末农民军的悲壮挽歌

□ 王宝琦

李国英同穆里玛等观察地势，见"逆寨高险异常，周围150余里"，强攻难以取胜，但当地山岚陡峭，粮食等物资不能自给，遂决定采取长期围困的战术。双方相持了几个月，李来亨贮积的粮草越来越少，率兵拼死突围没有成功。八月初四，寨内粮食全部吃完，部分官兵出逃降清，李来亨自知大限已到。

* * *

李自成撤出北京，几经辗转，进入湖北，在通山县九宫山不知所踪。大顺军余部在刘体纯等人领导下，相继进入鄂、川、陕三省交汇处的大巴山。

/ 夔东十三家 /

大巴山位于我国中部心脏地带，与北部相连的秦岭并称为秦巴山脉。

就地形而言，这一地区群山连绵、危峰林立、道路险阻，是败兵藏踪隐迹的绝佳之地；就战略位置而言，在此地进可出击两湖、豫西、陕南和四川，退可据险自守，三国时期，这里就曾是魏蜀吴反复争夺的焦点；就自然资源而言，此处河流众多，森林茂密，其间分布着大量的盆地、河谷和梯田，可谓一座取之不尽、用之不竭的宝藏。

大顺军余部以兴山县茅麓山为中心，聚集原大西军余部，占据周围20多个县，兵力达20余万，成为一支不容小觑的抗清力量。这支队伍共由13部组成，活动区域主要位于夔州（今奉节）以东，史称夔东十三家。这13家分别是大顺军余部的刘体纯、郝摇旗、李来亨、袁宗弟、党守素、塔天宝、贺珍、李夏荣、马腾云和大西军余部的王光兴、谭文、谭诣、谭弘。其中，刘体纯因骁勇善战，又有谋略，被公推为首领。

由于农民军经常袭扰，四川总督李国英于康熙元年（1662年）七月上疏，请求发四川、湖北、陕西3省兵马会剿夔东农民军："闯逆余党……窜伏于荆、郧、蜀东之间。在楚则远安、兴山、归州、巴东、施州卫、房、竹等处；在蜀则大宁、大昌、夔州、巫山、建始等处，而逼近陕西之兴安。计其窃据地方横亘数千余里……庙堂之上酌定师期，三省士马同于是日进发。"清政府很快批准了李国英的请求，派湖广提督董学礼、陕西提督王一正各领兵3万，与李国英会期进剿。

/ 巫山之战 /

刘体纯会合李来亨、郝摇旗、袁宗弟、党守素、塔天宝、马腾云等6部，准备迎击由四川东下的李国英。

当时，李国英驻兵于巫山县城。8月24日，刘体纯率农民军乘船直抵巫山城下，于次日凌晨强行攻城。李国英对部下说："巫地势低凹，难驰骤。贼众若远来，利速战；我坚壁以待，彼不能久持。乘其懈，可击而歼也。"他下令部将严密防守，自己坐镇城内最高处调度指挥。双方拼死搏斗了几天以后，李国英发现了农民军给攻城部队运粮的饷道，就派出几百名精兵伪装成农民军，潜伏于路旁击杀运粮士兵，拉走粮食。他还下令把运粮的浮桥砍断，使农民军陷入饥疲交困之中。九月初七黎明时分，李国英突然开城出战。农民军大败，于次日撤往兴山。

不久，清朝又以都统穆里玛为靖西将军，从北京带领八旗兵1万人增援夔东。农民军遭遇巫山之败，实力已经大减，此次再遭清军大举围困，形势更加恶化。清军又采取剿抚并用的策略，农民军很多人投降了清军。

刘体纯见大势已去，自缢而亡；郝摇旗、袁宗弟被俘，不久被杀。

茅麓山之战

到康熙三年（1664年）春，原来的夔东十三家死的死、降的降，只剩下李来亨一部仍在坚持抗清。当时，李来亨驻守于兴山县境内的茅麓山。清将穆里玛统兵，自恃兵精将勇，下令向山寨发起进攻。李来亨据险迎击。满洲兵坠崖落涧，伤亡惨重，镶红旗副都统贺布索、一等阿达哈哈番（清爵名，定汉字为轻车都尉）桑图和穆里玛之子苏尔马都被击毙。

二月初，李国英同穆里玛等观察地势，见"逆寨高险异常，周围150余里"，强攻难以取胜，但当地山岚陡峭，粮食等物资不能自给，遂决定由三省官兵会同满洲八旗兵连营扼守，采取长期围困的战术。

双方相持了几个月，李来亨贮积的粮草越来越少，于是率兵拼死突围，但因力量悬殊而未成功。八月初四，寨内粮食全部吃完，部分官兵出逃降清。

李来亨自知大限已到，遂亲手杀了妻子、儿女，放火烧毁房屋，然后自缢而死。

至此，明末农民军全部被灭。

茅麓山之战，清朝投入兵马10万以上，每天消耗粮食几十万斤，湖北、湖南、四川、陕西各省数十万民夫被征运粮。"兵督挽运，丁夫死者积崖谷，益峻法驱里民，三千里外诸军负挽，披蓑笠，缘绝峭壁蚁行，延绵弥望不绝。"有些地方甚至发生运夫哗变。《大冶县志》记载："康熙三年（1664年）春正月，运夫哗。西山用师，县派民夫运粮，轮至第三批300余人，中路逃归，拥聚北关外，左公铉等倡首，要索公县，抢掳后衙与猾胥之家。县官屏匿数日始去。而公铉自称左将军。"

中国粮油书系第二卷之
粮战演义（下）——第九章

清朝篇

Dijiuzhang
Qingchaopian

抗清,郑成功粮策连连

□ 王宝琦

顺治十六年(1659年)四月,郑成功率大军北征南京。南京自古就是漕运重镇。郑成功如果拿下此地,既可掌控东南最富庶的粮食产地,又可切断江南对北方清政府的粮食供应,这对于他的抗清事业具有重要意义。

* * *

顺治三年(1646年)至顺治十六年(1659年),郑成功领导了声势浩大的抗清斗争,其间实施了很多出色的粮策。

/ 海澄退敌 /

清军南下后,大海盗郑芝龙打算以降清为条件,继续称霸东南海上。但是,他的如意算盘被其子郑成功打得粉碎。就在郑芝龙于顺治三年(1646年)降清后不久,郑成功就撑起了抗清的大旗,用其父毕生积聚的财富购买粮食、军械,招募4万人的军队,一举夺取了清军驻防的海澄港。

顺治十年(1653年),清平南将军、固山额真(满语官名)金砺奉命攻打海澄。金砺调集数百门大炮,对郑军连击两天两夜。郑军营垒坏而复修,修而又坏,死伤惨重。当时,郑成功还没有巨炮,无力还击,军士只能挖防空洞躲避,加之粮草缺乏,人心开始动摇,斗志有所松懈。危机时刻,郑成功登上城楼观敌,不禁面露喜色,对众将说:"敌军之所以如此疯狂地向我们进攻，是因为他们的粮草和弹药即将用完了，这是孤注一掷的表现。明天，他们一定会来决战。只要我们一鼓作气打胜明天这一仗，敌军自会退去。"第二天，清军果然全营杀来，郑成功传令地炮齐发。过河的清军全被烧死。郑军一齐冲出，拼死厮杀。清军大败，金砺连夜逃走。

海澄退敌后，为了确保粮饷供给，郑成功扩大海外贸易，每年与东南亚、日本各国贸易额达424万两，筹集了大量粮食和火炮等武器。

/ 白沙大捷 /

顺治十三年（1656年），清朝又以世子济度为统帅，调集满汉大军3万，对郑成功实施围剿。

大敌当前，郑成功采取了一系列应对措施。一是筹粮。从云霄、龙岩、惠安、仙游等地征集粮食40多万石。二是整饬军队。将水陆战法编成定式颁发全军，将士在惊涛骇浪中操练如履平地。三是收缩战线。全师退守厦门，对敌实施坚壁清野。四是派12镇水师沿海北上，进入长江，牵制清军后方。

济度调3路水师进犯厦门，郑成功率战舰迎敌，双方相遇于白沙。大战开始，突然狂风大作，阴雾迷蒙。清军不习水战，舰船被大风吹散；郑军乘机进攻，大败清军。

白沙大捷后，郑成功准备挥师北上，攻打南京。但就在这时，驻守海澄的黄梧叛降了清军。海澄是郑成功积储粮饷军械的大后方，城内25万石粮食、不计其数的武器财物全被清军劫去。与此同时，清朝又对郑成功实施经济封锁，沿海各地或筑土坝，或树木栅，严防死守，想以此断绝郑军粮源。

郑成功暂时搁置北伐计划，全力应对清军的封锁。他见济度主力驻守漳州，省城福州空虚，便派15镇官兵北上攻掠福州，沿途收缴粮食及金银珠宝无数，补偿了海澄之劫的损失。

南京之战

顺治十六年（1659年）四月，郑成功率大军北征南京。南京自古就是漕运重镇。郑成功如拿下此地，既可掌控东南最富庶的粮食产地，又可切断江南对北方清政府的粮食供应，这对于他的抗清事业具有重要意义。

郑成功要攻取南京，首先要拿下镇江、瓜洲、崇明3个战略要地。当时，清军在镇江至瓜洲的10里江面上，耗巨资用巨木筑起长坝，再以铁索互相牵绕，横截江流，名曰"滚江龙"。郑成功以舰炮封锁岸上火力，命善泅者斩断"滚江龙"，挥兵大进，遂克瓜洲。六月，再陷镇江。瓜洲、镇江一失，崇明的粮源就被切断了，守城清军难以坚守，郑军不战而得崇明。之后，郑成功下令包围南京，在城北和城南扎下83座营寨，各营安设大炮，同时准备云梯、藤牌、铁锹、凿子、火药等攻城器械和物资。

南京城内清军最高指挥官喀喀木下令将城外靠近城墙的房屋烧毁，以扫清防守视野，把近城10里内的百姓全部迁入城中。城中粮价飞涨。为安定人心，喀喀木强令商家出售粮食，允许百姓进出南边和东边两座城门，将粮食、柴草运往城中，并严惩乘机盗抢的作乱之徒。

当时，驻守南京的清军只有2万，双方力量对比悬殊。喀喀木召集众将商讨守城之策，众人议论纷纷，莫衷一是。忽小校来报，说崇明知府朱依佐在城外求见。原来，崇明城破后，知府朱依佐被擒。郑成功命其投降，他说："头可断，志不可屈。"部将甘辉劝郑成功杀了此人，以免后患。郑成功说："一介腐儒，杀之何益？由他去吧！"此时朱依佐单骑进入南京，喀喀木问他可有退敌之策。朱依佐反问："如果郑成功全面攻城，我军能守几日？"喀喀木回答："最多10日。""那军中粮食可支几日？""一月有余。"朱依佐哈哈大笑："好！有这一月军粮，破敌就有希望。"第二天，朱依佐给郑成功写了一诈降信，说清军统帅想弃暗投明，无奈清朝军法规定，将领守城不超过30天，妻儿老小都要被杀，希望郑成功能够体谅。甘辉说："这是缓兵之计，不可相信，应当立即攻城！"但郑成功考虑攻城伤亡太大，再者南京已成孤城，于是便不再攻城，只等30天后对方主动来降。

古代打仗有点像今天的球赛，一方突破往往是寻找对方最薄弱的环节下手，一旦突破成功，形势就会立即发生逆转。当时，郑军自北伐以来连战连捷，轻敌思想笼罩全军，个别将领在围城期间失误频发。清军抓住时机，猛攻其薄弱环节，终致郑军全线溃败，10.5万人马损失过半。

郑成功败回厦门后，清朝实施迁界禁海，郑军粮源日益缩小，难以养活数万人马。同时，清朝又派数省水陆大军前来围剿，形势对郑军越发不利。在此情况下，郑成功决定收复被荷兰人占据的台湾。

封锁郑成功，清政府迁界禁海断粮源

□ 王宝琦

迁界禁海给郑军造成了巨大困难。当时，郑成功占据的都是沿海的一些小岛，粮食生产能力低下，10多万人马的军粮供应因此而失去了来源。正是在这种情况下，郑成功决定收复被荷兰人占据的台湾。

* * *

为了断绝郑成功的粮食来源，清政府在东南沿海地区实施迁界禁海。

/ 禁海令 /

"禁海令"出台在顺治十二年（1655年）。

当时，郑成功以金门、厦门等岛屿为基地抗击清军，经常率军攻入东南沿海府县。而清朝虽然陆军强大，但水师却很弱，对郑成功无可奈何。

清政府认为郑军的粮食补给均来自于内地，因而于当年6月下令，"严禁沿海省份，无许片帆入海，违者置重典"。这就是所谓的"禁海令"。"禁海令"的关键内容是严禁百姓出海。

但是，禁令收效并不大。福建漳州府海防同知蔡行馨给顺治上疏说："至于沿海一带每有倚冒势焰，故立墟场，有如鳞次。但知抽税肥家，不顾通海犯逆。或遇一六、二七、三八等墟期，则米、谷、麻、篾、柴、油等物无不毕集，有发无发，浑迹贸易，扬帆而去。此接济之尤者，而有司不敢问，官兵不敢动也。"就是说，沿海百姓违抗禁令，为郑军接给粮食，或与之贸易，而官府却无法制止。

迁海令

顺治十六年（1659年），郑成功组织北伐，沿海北上，一直打到了南京城下。虽然此战郑军最终败回金、厦，但其雄厚的军事实力已显露无遗，特别是大江两岸缙绅百姓的群起响应更使清政府不寒而栗。清政府认为，要消灭郑成功，就必须彻底断绝其与内地的联系。

为此，户科给事中王启祚建议对郑军实施坚壁清野。他说："郑虽生踞波涛，势不能不聚粮于平地。臣以为宜效坚壁清野之计，除高山峻岭不可攀缘处所外，凡平原旷野多筑坚厚墙垣，迂回其道，相地广狭，间筑城堡，可贮粮石，扎营寨兵，可守望亦可设伏……使彼来无所掠，去不能归，此坐而窘之一道也。"国舅索额图的门客房星焕更是进言："海舶所用钉、铁、麻、油，神器（火炮）所用焰硝，以及粟、帛之属，岛上所少，皆我濒海之民阑出贸易，交通接济。今若尽迁其民入内地，斥为空壤，画地为界，仍厉其禁，犯者坐死；彼岛上穷寇内援既断，来无所掠，如婴儿绝乳，立可饿毙矣。"清廷对这些建议大加赞赏，于顺治十八年（1661年）断然下令将濒海居民大规模强制向内地迁徙，其发布的《严禁通海敕谕》中说："郑成功盘踞海徼有年，以波涛为巢穴，无田土物力可以资生，一切需用粮米、铁、木、物料皆系陆地所产，若无奸民交通商贩，潜为资助，则逆贼坐困可待……凡通贼兴贩者，即行擒拿照通贼叛逆律从重治罪。"此即"迁海令"。

"迁海令"一下，当即遭到许多汉族官员的反对。湖广道御史李芝芳冒死条陈："未闻堂堂天朝，迁民避贼者也……今诏欲徙五省沿海边民，何以垂训后世？"广东巡抚王来任更是直言不讳地反对："臣思设兵以卫封疆而资战守，今避海寇侵掠，虑百姓之赍盗粮，不见安攘上策，乃缩地迁民，弃其门户而守堂奥，臣未之前闻也。"后来，福建水师提督施琅也奏称："伏思天下一统，胡为一郑经残孽盘踞绝岛，而折五省边海地方画为界外以避其患？自古帝王政治，得一土则守一土，安可以既得之封疆而复割弃？况东南膏腴田园及所产渔盐最为财赋之薮，可资中国之润，不可以西北长城塞外风土为比……"但是，清政府为避免其不善海战的软肋，决心以牺牲沿海百姓的利益为代价，换取战场上的主动权。

/ 郑成功决定收复台湾 /

"禁海令"和"迁海令"被后世称为"迁界禁海"。

迁界禁海的具体做法是：沿界开挖2丈余深、2丈余宽的壕沟，临沟筑起4尺余厚、8尺余高的城墙，每5里设1个炮台、2个烟墩，30里屯兵。这有点像秦汉时期为防范北方少数民族而修筑的长城，只是这"长城"竟然修筑到了内陆与海洋之间。

关于迁界的范围，福建总督姚启圣曾说："在当日原因福建海贼猖獗而议迁界，又因贼势蔓延止迁福建一省之界不足困贼，故并迁及广东、浙江、江南、山东、北直五省之界，是迁五省之界者其祸实始于福建之郑贼也。"可见，当时实行迁界禁海的地区包括今天的辽宁、河北、天津、山东、江苏、浙江、福建、广东、广西和海南九省一市，范围之广，涉及全国所有海岸线。

关于迁界的距离，诏令规定是距海30里，但实际操作往往各地并不一样，有的是50里，有的达二三百里。钦差大臣与当地官员登上山顶，望见大海，用马鞭指点地形，当即划定界线。有的官员为图省事，两地之间划一直线，不管距海岸远近，线外居民尽数迁入线内。有些地方则多次划界，"初立界犹以为近也，再远之，又再远之，凡三迁而界始定"。

迁界禁海确实给郑军造成了巨大困难。当时，郑成功占据的都是沿海一些小岛，粮食生产十分不足，10多万人马的军粮供应因此而失去了来源。正是在这种情况下，郑成功决定收复被荷兰人占据的台湾。

郑成功收复台湾也曾屯田

□ 王宝琦

郑成功自离开金、厦以后,粮饷不足一直是个严重的问题,在澎湖时连地瓜都吃不上。到台湾后,粮食一部分靠大陆运输接济,一部分靠夺取荷兰人的粮仓储积。后来由于种种原因,大陆的粮船很少再来,"官兵一日只两餐,多有病殁,兵心嗷嗷"。郑成功只好一面派马信统领所部长期围城,一面派遣各镇耕屯自养。

* * *

16世纪中叶,西方殖民主义者东来,发现了台湾这个美丽的岛屿。首先是葡萄牙人,他们称台湾为"福摩萨",意为美丽之岛,但葡萄牙人并未占领台湾。荷兰人称霸海上之后,在巴达维亚城设立"东印度公司",专门经营东方的殖民事业。1624年(天启四年),他们侵入台湾,筑台湾城(在今安平)。次年,又在台湾城对面的赤嵌山上筑赤崁城(在今台南),开始在台湾建立殖民统治。

/ 郑成功进军台湾 /

1659年,郑成功决定收复台湾。恰在此时,一个供职于东印度公司的名叫何斌的人将荷兰殖民者在台湾的布防情况绘成一图献给了郑成功。

1661年2月,郑成功下令由其子郑经留守金、厦及闽、粤沿海诸岛。4

月21日，他亲率大军2.5万，分乘战舰200余艘，从金门料罗湾出发向台湾开进。22日，抵达澎湖。7天后，留兵3000就地驻守，大队于29日继续前进。

那时，船只从澎湖到台湾，在台南一带登陆，只有南、北两条航道。根据何斌提供的情报：对于南航道，荷兰人设重炮守卫，严密封锁；对于北航道，由于长期泥沙淤塞，通常大船难以进出，荷兰人只是将报废的甲板沉塞水底设置障碍，防范较为松懈。郑成功决定选择北航道登陆。

30日清晨，船队抵达鹿耳门。正逢潮水猛涨五六尺，大队船只浩浩荡荡开进，在北线尾岛和赤崁城西北部附近的禾寮港顺利登陆。

台湾城中约有荷军2000余人，由驻台长官揆一统领。赤崁城有荷军司令描难实汀率官兵600余人据守。荷兰人发现郑军后，连续两天发起猛攻，但均被郑军打败。郑成功下令包围赤崁城，切断其与台湾城之间的联系，然后派人进入两城劝降。

5月3日，荷兰代表来到郑成功大营谈判，请郑成功解释此次行动的理由。郑成功答复："台湾本来就是中国的，我来收复自己的产业无须任何理由。"荷兰代表又说，只要郑成功退兵，他们愿意送上劳师银10万两，并以后"年年照例纳贡"。郑成功的回答则毫无余地："如果你们愿意立即退出台湾，我可以允许你们带走所有属于你们的财产、物资以及武器；如果你们无视我的宽大，那我就以自己的方式请你们离开。"他限荷兰人在第二天上午8时以前作出决定：如果决定离开，就挂起王子旗；否则就挂起血旗，准备作战。

4日，赤崁城荷军投降；台湾城挂出血旗，要和郑军对抗到底。

/ 屯田·收复 /

5日，郑成功指挥攻城，但因城堡坚固，敌人炮火凶猛，一连十几天都未成功，军队伤亡很大。同时，缺粮的问题也困扰着郑军。

郑成功自离开金、厦以后，粮饷不足一直是个严重的问题，在澎湖时连地瓜都吃不上。到台湾后，粮食一部分靠大陆运输接济，一部分靠夺取荷兰人的粮仓储积。后来由于种种原因，大陆的粮船很少再来，"官兵一日只两餐，多有病殁，兵心嗷嗷"。

郑成功只好一面派马信统领所部长期围城，一面派遣各镇耕屯自养。

6月，郑成功改赤崁地方为东都明京，设有1府2县，颁发屯垦令，号召文武各官及各镇大小将领、官兵家属，"择地起盖房屋，开辟田地，尽其力量，永为世业"。7月，遣发各镇分赴北路新港仔（今台南市新市乡）、竹堑（今新竹市）一带和南路凤山（今高雄县凤山镇）、观音山（今高雄县仁武乡附近）一带屯垦，文武各官均照原额发给6个月俸银，作为开垦基金。

郑成功对台湾城的包围一直持续了9个多月。其间，荷兰东印度公司曾经凑集了700名士兵，分乘10艘战船，进行了一次救援，但遭到了失败。台湾的荷军十分恐惧，不少人投降了郑军。1662年1月，郑成功在台湾城外的沙洲上建起了3座炮台，以28门巨炮向城内轰击，台湾城变成了一片火海。

27日，面临灭顶之灾的荷兰人决定与郑成功谈判。

经过几天协商，1662年2月1日，双方正式订立条约并举行签字仪式。

几天后，荷兰驻台湾的最后一任长官揆一率余部500人驾舟离去。台湾又回到了中国人手中。

良田变荒野,康熙迁界禁海事与愿违

□ 王宝琦

清政府迁界禁海,原来的目的是断绝台湾郑军的物资供应,以收不攻自破之效。但事与愿违,此千古败笔只是给沿海居民造成了极大的灾难,给清政府自身带来了重重困难,对郑成功并没有起到多大的威胁作用。

* * *

十多年前,有部电视剧叫《康熙王朝》,其中讲述了清朝为收复台湾而实施的迁界禁海情况。荧屏上这样演绎:清政府早在内地为拆迁户准备了多1倍的土地,且3年之内不纳粮;迁徙搬家可以无偿使用军营的车马,60岁以上的老人皆由兵勇用轿子抬着走;福建总督姚启圣对抗拒拆迁的钉子户更是苦苦哀求……但事实果真如此吗?

/ 画地为牢 /

顺治十八年(1661年),清政府在下达迁海令时说:"前因江南、浙江、福建、广东濒海地方,逼近贼巢,海逆不时侵犯,以致生民不获宁宇,故尽令迁移内地,实为保全民生。"康熙二十三年(1684年)又说:"先因海寇陆梁,游移出没,不时抄掠尔等。皇上为尔等身家计,权移内地以避贼锋。"也就是说,清政府给出迁界禁海的理由,是保护老百姓的利益。

其实,这都是一些冠冕堂皇的谎话。《南明史》就曾说:迁海自始至终都是以极其野蛮的方式摧残沿海居民的一场骇人听闻的暴行。清政府画地为牢确定"边界"以后，就驱赶界外的居民进入内地。迁徙的时间规定得非常短促，一般是3天，过期派官兵驱赶。为了断绝迁民后顾之心，界外的房屋全部焚毁一空。

　　当时人留下的记载说："以予所见言之，方海患昌被时，当事议主坐困，迁濒海数千里内居民入内地，以绝其交通之路。朝命甫下，奉者过于严峻，勒期仅三日，远者未及知，近者知而未信。逾二日，逐骑即至，一时跄踉，富人尽弃其货，贫人夫荷釜，妻褓儿，携斗米，挟束稿，望门依栖。起江浙，抵闽粤，数千里沃壤捐作蓬蒿，土著尽流移。""令下即日，挈妻负子载道路，处其居室，放火焚烧，片石不留。民死过半，枕藉道涂。即一二能至内地者，俱无儋石之粮，饿殍已在目前……火焚两个月，惨不可言。兴化、泉州、漳州三府尤甚。"居民被驱赶入界以后，有敢出界者杀无赦。"闽以边路为界，路下近海者为界外，路上近山者为界内。当日迁移时，凡路下之民居尽毁，而路上不毁。既迁之后，凡路上之民越出路下即为越禁……殊不知以路为界，民之住于路上而近路边者，檐溜之前即为界外。夫细民势不能不畜鸡豚，鸡豚势不能识界禁，一旦越出路下，人或从而追之，塘兵远了，即加以越界之罪。况道路不无歧口旁径之分，行旅之人未谙路径，跬步失足，防兵群系累之，以越界论，致于有司，即或得辨释放，而行橐衣资已馨掠矣。"沿海居民当时所处的境地真可谓是如临深渊、如履薄冰。

/ 良田变荒野 /

　　我国沿海地区经过老百姓世世代代的开发，到清代初期已遍布良田沃土，不仅有发达的渔业和盐业，而且有同海外贸易交往的口岸。但迁海一声令下，濒海地区转瞬之间就化成了一片废墟。

　　就荒废的耕地而言，据康熙二十三年（1684年）的记载，广东一省"广州、惠州、潮州、肇庆、高州、雷州、廉州等七府所属二十七州县、二十卫所共三万一千六百九十二顷"，福建一省"福州、兴化、泉州、漳州等四府、福宁一州，所属十九州县，共二万五千九百四顷零"，两省合计约为576万亩耕地被荒废。加上浙江、江苏、海南等省，由于迁海而荒芜的田地是一个十分巨大的数字。

除了耕地，渔业和海盐业更是遭受了灭顶之灾。迁界禁海之后，"万顷沧波舟楫绝，何人更有羡鱼心"。渔业几乎完全陷入绝境。"渔者靠采捕为生，前此禁网严密，有于界边拾一蛤一蟹者杀无赦。咫尺之地网阱恢张，渔者卖妻鬻子，究竟无处求食，自身难免，饿死者不知其几。"与此同时，沿海各省的盐场因靠海岸被划到了界外，海盐业也因此而陷入了停顿。

界外土地全部抛荒，自然无法从这些地方征收赋税，清政府财政收入因而减少。康熙十九年（1680年），福建总督姚启圣说："照得边海地方播迁，百姓抛产弃业，流离失所者二十年矣，朝廷正供以徙界缺额者四百余万两。"当时，清政府因为连年用兵，财政入不敷出。在这种情况下，便采取由界内居民摊赔的办法来弥补因迁界禁海而造成的缺额："其（界外）四十里之岁课，同邑共偿之。至有所偿过于其土著者……自江南达东粤数千里，盐场在界内者勿论，其界外缺额商赔之。"甚至将本省缺额摊到了外省，"唯以浙、闽、山东等处因迁而缺之课额均摊于苏、松不迁之地，曰摊派，而盐课之额极重矣"。

/ 收效甚微 /

清政府迁界禁海，原来的目的是断绝台湾郑军的物资供应，以收不攻自破之效。但这样的目的达到了没有呢？郑成功从荷兰殖民者手中收复台湾后，将大陆沿海居民移入台湾，大力开垦荒田，基本满足了岛内的粮食需求："驰令各处，收沿海之残民，移我东土，开辟草莱，相助耕种，养精蓄锐……"郑成功去世后，其子郑经"兴造洋艘鸟船，装白鹿皮等物，上通日本，制造铜炝、倭刀、盔甲，并铸永历钱；下贩暹罗、交趾、东京各处以富国。从此台湾日盛，田畴市肆，不让内地"。

到康熙二十三年（1684年）清军收取台湾时，统军大将施琅所见到的情景是："野沃土膏，物产利薄，耕桑并耦，渔盐滋生，满山皆属茂树，遍处俱植修竹。硫黄、水藤、糖蔗、鹿皮以及一切日用之需，无所不有。向之所少者布帛耳，兹则木棉盛出，经织不乏；且舟帆四达，丝缕踵至，饬禁虽严，终难杜绝。实肥饶之区，险阻之域。"在郑成功利用台湾优越的自然条件和战略位置实现自给自足的同时,其与大陆的联系也并未因迁界禁海而中断。清政府迁空沿海及岛屿,正好使郑军船队往来无阻,自由出没,买通守边士兵后,照样可以从内地得到所需的物资。同时,沿海居民与郑军的粮食交易也未中断。康熙十七年(1678年)福建总督姚启圣曾说:"近闻界内不法居民每每鸠输米谷于贼,公然赍为盗粮……其中必有为首之人,代贼科敛。"《南明史》说,迁海政策只是给沿海居民造成了极大的灾难,给清政府自身带来了重重困难,对台湾方面并没有起到多大的威胁作用。

施琅粮策统一台湾

□ 王宝琦

施琅认为,迁界禁海造成田地荒芜,老百姓流离失所,不仅朝廷从那里得不到税赋,而且还要耗用巨资从外省输入粮饷保障军需,长此以往难以承受。如能按"因剿寓抚"的策略收复台湾,必是"一时之劳,万世之逸"。

* * *

/ 施琅上疏 /

郑成功去世后,其子郑经继位。

清朝对台湾实施招降。郑经开出的条件是:可以称臣纳贡,但"请如琉球、朝鲜例,不登岸,不剃发易衣冠"。

清政府见招降无效,于康熙六年(1667年)召福建水师提督施琅进京面呈对策。施琅说:"东南沿海是我国最富有的地区,不仅土地肥沃、粮食富足,而且盛产鱼盐,国家的税收大多出自那里。但现在实施迁界禁海,造成田地荒芜,老百姓流离失所,不仅朝廷从那里得不到税赋,而且还要耗用巨资从外省输入粮饷保障军需,长此以往百姓和国家都将难以承受。如能及时收复台湾,那么东南沿海也将很快得以安定。这样的话,百姓回归家园安居乐业,军队可裁减,官员可安心供职,国家得享升平、获增饷税,这是'一时之劳,万世之逸'呀!"对于统一台湾,施琅提出"因剿寓抚"的策略。他说:"如果一味派人去台湾招抚,那主动权就操纵在郑经一人手中，台湾的回归将遥遥无期；如果采取大兵压境的办法，降与不降就不是郑经一个人说了算了。"后来的历史证明，施琅的意见都是正确的。但清朝自入关以来连年征战，财政负担极重，根本不具备武力统一台湾的实力。最后，清政府否定了施琅的建议，并裁撤福建水师官员，将水师战船全部焚毁，将台湾投诚士兵发到外省垦荒，下令"严戒守界，不复以台湾为意"。

施琅被改任为内大臣，留京待命。

/ 启用施琅 /

康熙十二年（1673年），"三藩"之乱爆发。郑经乘机进攻大陆，夺取了金门、厦门、铜山诸岛，同时占领了沿海的泉州、漳州、汀州、兴华、邵武等府，并在当地征收粮食，运往台湾。清政府再次派人招抚。郑经不仅重提"不登岸，不剃发，不易服"的老要求，而且变本加厉，要以漳、泉、惠、潮4府作为台湾的粮饷基地。

康熙十九年（1680年），清政府对"三藩"之乱的平定已经稳操胜券，于是以万正色为福建水师提督，率军收复沿海各地。郑军士兵大多祖籍东南沿海，在清朝招抚政策和军事进攻的双重作用下，踏上故土的郑军士兵纷纷投降。这使得万正色仅用1个月时间便收复了沿海所有岛屿和失地。

康熙二十年（1681年）二月，郑经病故，台湾发生内乱。郑军实力派人物刘国轩、冯锡范谋杀郑经长子郑克㙺，拥立郑经次子、年仅12岁的郑克塽即位。福建总督姚启圣与内大臣明珠、学士李光地认为收复台湾时机成熟，于是联合请求启用施琅，武力统一台湾。

/ 收复台湾 /

施琅于康熙二十一年（1682年）十月抵达厦门后，立即着手整顿水师，裁减庸兵5000人，保留精兵2万人，准备战船300艘，选拔有才干的将领，加强训练。同时制定作战方案，计划次年六月于铜山出海，先取澎湖，再攻台湾。康熙同意施琅的方案，授予其专征台湾的兵权，而总督姚启圣只负责筹集粮饷等后勤事务。

康熙二十二年（1683年）六月十四日，施琅亲率水师3万人、舰船300艘从铜山出发，进攻澎湖。当时，台湾刚刚经历了3年水旱灾害，郑军粮食短缺，驻守澎湖的刘国轩虽然有兵2万、战船200艘，但与清军相比，各方面都处于劣势。

二十二日，双方展开决战，郑军被击沉、焚毁战船上百，阵亡将士1.2万人、投降4800人，刘国轩仅带30艘船逃回台湾。清军收复了澎湖36岛。紧接着，施琅派人入台招降。郑克塽迫于清军大兵压境，于七月上表请降。

台湾收复以后，该如何经营台湾呢？朝中很多目光短浅的大臣说台湾是一座荒岛，根本不值得耗费粮食、派遣军队驻守，主张将台湾军民全部迁到大陆，对台湾岛则完全放弃。对此，施琅坚决反对。他说："台湾'野沃土膏，物产利薄，耕桑并耦，鱼盐滋生……硫黄、水藤、糖蔗、鹿皮，以及一切日用之需，无所不有'。如果放弃，则必被荷兰人重新占据，从此东南沿海将会永无宁日。弃台之举后患无穷！"施琅说，在台驻扎1万守军，完全可以实现军粮自给。

康熙帝听从施琅建议，设台湾府，下辖台湾、诸罗、凤山三县，隶属福建省；台湾、厦门合派一道员管辖；台湾驻兵8000人，澎湖驻兵2000人。

康熙调整粮策平定"三藩"

□ 王宝琦

长沙被围后,岳州、澧州的叛军粮尽计穷,弃城而逃。吴三桂的日子越来越不好过:衡州经济恶化,民穷财尽,军粮告乏,人心动摇,很多将领看到叛乱没有希望就投降了清军。

* * *

"三藩"指的是平西王吴三桂(镇守云贵)、平南王尚可喜(镇守广东)和靖南王耿精忠(镇守福建)。

/ "三藩"为害 /

康熙初年,"三藩"已成清朝心腹之患。吴三桂手握重兵,除正式编额内的2万精兵,还有逐年收降的农民军,总兵力达7万以上。耿精忠、尚可喜也各有精兵上万。除此之外,"三藩"还拥有南方其他省份的兵权,势力不容小觑。

"三藩"独霸一方,鱼肉百姓。吴三桂拥有云贵两省的全部税收权,"广征关市榷税、盐井、金矿、铜山之利",所有收入全归藩府,开支无须朝廷核查。但他仍不满足,又将原来明朝设在云贵两省的藩王庄田占为己有,并圈占了明朝卫所军田及大量民田,强迫军民为其耕种。耿、尚二藩原来同驻广州,他们设置"总店",大至炼铁贩盐,小至鸡蛋蔬菜,不论城乡,不分贵贱，任何环节都强行征税。尚可喜甚至霸占商人店铺，"广东所有大市、小市之利，经藩下诸人霸占者无算"，又"占耕民田千百顷"。"两藩"竞相斗富，为修建豪华王府而滥征民力，搞得民怨沸腾、鸡犬不宁。后来，耿精忠被调往福建，但其横征暴敛仍然肆无忌惮。时人感叹："藩府之富几甲天下！""三藩"贪得无厌，既在当地勒索民财，还向中央索要巨额经费，以至"天下赋，半耗于'三藩'"。如顺治十七年（1660年），"三藩"军饷合计达2000万两之多，而当年全国其他各地军饷总计也不过1700万两。

/ "三藩"作乱 /

康熙亲政后，决意撤藩。为此，他主要采取了以下4项措施：

一是收缴大将军印。清朝的大将军印是战时措施，任务完成后要交还朝廷。当时，反清势力已基本肃清，"三藩"就没有理由再保留此印。此举限制了"三藩"的兵权。

二是裁兵。康熙六年（1677年），有人上疏说：如今云贵已经平定，藩兵应该撤到各地去屯田，这样既可分散藩王势力，又可节省朝廷兵饷。康熙下旨照办。

三是严禁扰民。康熙多次下旨，凡借藩王势力与民争利的，一经发现，严加治罪。

四是加强对藩王驻地行政事务的管理。当地行政官员的任免权收归朝廷，藩王不得再行干预。

康熙十二年（1673年）三月，平南王尚可喜洞悉康熙心意，请求退休。康熙立即批准，同意其全藩撤离，原属官兵留在广东，由当地提督管理。这是康熙正式撤藩的第一步。此举极大地震动了吴三桂和耿精忠，他们分别于当年的七月三日和九日提出撤藩申请，但其真实意图并非撤藩，而在于试探朝廷态度。

对此，康熙交由大臣讨论。大学士索额图等人怕吴三桂造反，主张不撤。康熙对此大为不满。他说，吴三桂早有反心，"今撤亦反，不撤亦反，不若先发"。八月，康熙分派大臣前往云南、福建、广东办理撤藩事宜。

吴三桂见永驻云南之梦破灭，便写信给尚、耿二藩以及台湾的郑经，相约共同反清。同年十一月二十一日，吴三桂杀云南巡抚朱国治，自称"天下都招讨兵马大元帅"，以复兴明室为旗号，起兵反清。福建的耿精忠、广东的尚可喜之子尚之信以及陕西提督王辅臣等人也相继造反。一时间，滇、黔、湘、蜀等地纷纷响应。不到两年时间，江南大半地区陷入叛军之手。

/ 平息叛乱 /

面对来势凶猛的叛乱，康熙应对的第一步是分清主次、减少对立面。他将吴三桂视为首犯，予以全力剿灭；将其他各地叛军视为胁从，以剿为辅，以抚为主。为此，康熙给王辅臣、耿精忠、尚之信等人写信，晓以利害，并保证"投诚自归"，"即赦免前罪，视之如初"。

康熙十九年（1680年）六月，王辅臣在兵败之后降清，西北就此安定。十月，福建耿精忠因与台湾郑氏发生矛盾，加以内部粮饷匮乏、士兵不断逃亡，于是献城降清。十二月，广东尚之信感到势单力孤，也开始公开反对吴三桂。康熙履行许诺，对3人一律给予优待。

在成功解决王、耿、尚3人的问题后，康熙将主要精力放在了吴三桂身上。刚开始，清军的指挥存在很多失误。一是战略思路不清。派出的军队不少，但找不出进军的重点，往往是哪里有警报，军队就往哪里开，结果作战部队被敌人牵着鼻子走，后勤部队为运送保障军粮被来回折腾，形势非常被动。二是用人不当。清军各方统帅都是八旗子弟，这些人与其先辈相比已不能同日而语，个个畏敌不前，以致坐失战机、屡战屡败。

在总结前一阶段经验教训的基础上，康熙采取了两项应对措施。一是调整战略。当时，对付吴三桂的战场主要在湖南。吴三桂占据着衡州、岳州、澧州、长沙等战略要地。其中，吴三桂坐镇衡州指挥全局，衡州、岳州、澧州三地的军粮主要来自长沙。为此，康熙制定了先围长沙、断敌粮道，次攻岳州、澧州，再取衡州的战略。其次是重用汉人将领和士兵。破格提拔张勇、王进宝、赵良桂、万正色、施琅、姚启圣等一批有为汉将，进军打仗以汉兵绿旗营为主，而满兵八旗营则主要负责转运粮饷等后勤工作。

长沙被围后，岳州、澧州的叛军粮尽计穷，弃城而逃。吴三桂的日子越来越不好过：衡州经济恶化，民穷财尽，军粮告乏，人心动摇，很多将领看到叛乱没有希望就投降了清军。

康熙十七年（1678年），年已74岁的吴三桂在衡州称帝，国号大周，但仍未能改变叛军的困境。同年秋，吴三桂病死，其孙吴世璠继承帝位。清军趁机发动进攻，叛军从此一蹶不振，湖南、广西、贵州、四川等地逐步为清军恢复。

康熙二十年（1681年）十月，清朝三路大军包围昆明城。吴世璠自杀，余皆投降。至此，历时8年的"三藩"之乱终告平定。

觊觎富庶　波雅科夫"远征"黑龙江

□ 王宝琦

1636年，俄罗斯人探听到在雅库次克以南很远的地方有一条大河叫黑龙江，沿江两岸有肥沃的农田、茂密的森林，那里盛产粮食、貂皮以及银子。这对于长年缺衣少食奔波于西伯利亚冰天雪地的"沙俄武装"来说，诱惑力非同一般。

* * *

/ 疯狂东扩 /

沙皇俄国的前身是莫斯科大公国，首都莫斯科城建于1147年。1547年，莫斯科大公伊凡四世加冕成为首任沙皇。伊凡四世具有强烈的扩张欲望，他把目光投向了乌拉尔山以东广阔的西伯利亚。

当时的西伯利亚荒芜严寒，人烟稀少，散布于各处的游牧、渔猎部落文明程度很低。因而，那些由商人、冒险家、无业游民及少数政府官员、现役军人组成的仅几百人的武装，凭借先进的武器，在不到100年时间里就扩张到了远在东西伯利亚的勒拿河流域，并在勒拿河上建成了雅库次克，使之成为向我国黑龙江流域扩张的军事据点。

1636年，沙俄探听到在雅库次克以南很远的地方有一条大河叫黑龙江，沿江两岸有肥沃的农田、茂密的森林，那里盛产粮食、貂皮以及银子。这对于长年缺衣少食奔波于西伯利亚冰天雪地的"沙俄武装"来说，诱惑力非同一般。

/"远征"黑龙江/

1643年,雅库次克军事长官戈洛文派遣城堡文书官波雅科夫"远征"黑龙江,目的是强迫当地居民向沙皇纳税。波雅科夫共组织队员132人,其中军人112人、无业游民15人、税官2人、翻译2人、铁匠1人。武器装备有铁炮1门、炮弹100发、火药若干,每人再配发步枪1支。此外还备有做饭用的铜锅、铜盆等。波雅科夫等人启程后,途经许多河流、山脉、森林,于当年冬季进入黑龙江支流精奇里江流域。在那里,他们目睹了当地居民达斡尔人安静祥和的生活。

达斡尔人从事农业和畜牧业。村落四周是种满了大麦、燕麦、糜子、荞麦、大豆、豌豆的田地。他们的菜园作物有蒜、香瓜、西瓜、黄瓜,果类有苹果、梨、胡桃。他们会用大麻榨油。他们饲养的家畜数量很多,有大群的马、牛、羊、猪。他们用牛耕田。除了农业和畜牧业外,猎取毛皮兽(貂、猞猁、赤狐和黑狐等)也是他们的基本生产方式。一个人外出打一天猎,可以带回10张或更多的貂皮。

在波雅科夫眼中,黑龙江沿岸简直就是世外桃源、人间天堂。但是令他感到不安的是,来自南方的政府官员与达斡尔人关系密切,达斡尔人从官员手中购买绸缎、布匹、金属,官员则用货物向达斡尔人换取貂皮。

尽管波雅科夫已经十分清楚地知道这里是中国的疆土,但他还是绑架了1名达斡尔人酋长,强占了他的城堡,要求他向沙皇交税。酋长反复回答:"我们只向中国皇帝交税。"波雅科夫气急败坏,命属下彼得罗夫带领90人去洗劫达斡尔人的村庄。彼得罗夫抢得40筐燕麦和20头牲畜。达斡尔人骑兵披挂上阵。彼得罗夫火力不支,留下9具尸体,空手而逃。

当时是1644年1月,正值漫长而严寒的冬季。彼得罗夫的粮食已经严重不足,每人只剩30俄磅,而来自后方的运粮队在3个月以后才能到达。饥荒很快开始蔓延。为了节约粮食,波雅科夫以彼得罗夫没有完成"征粮"任务为由中断了他们的口粮。

彼得罗夫等人只得以松树皮、草根为食。等到5月运粮队到来时,已经有40人被饿死。

失败而返

波雅科夫入侵黑龙江没有达到预定的目标。由于粮食匮乏、人手不足，他不得不打算就此返回雅库次克。但如果原路返回，达斡尔人四处伏兵，弄不好会全军覆没。最后，波雅科夫决定从精奇里江进入黑龙江，再由海路返回。他派了26人组成侦察队，先行沿黑龙江而下寻找出海口。侦察队走了3天，听说距大海尚远，就掉头折返，不料在半路上遇到了当地杜切尔人的袭击，24人被打死，只有2个人逃回报信。

尽管前途难测，但波雅科夫仍然决定冒险沿黑龙江东下。一路上，他们看到两岸精耕细作的农田、成群的牛马，再次上岸抢劫的冲动简直难以抑制。但达斡尔人和杜切尔人的骑兵背着弓箭在岸上奔驰防守，他们不敢登岸。

不久，波雅科夫闯入了黑龙江下游尼夫赫人的地盘。尼夫赫人不种田，也不放牧，只从事渔猎，有时乘船出海，会远至库页岛沿岸。当时已是1644年冬季，波雅科夫计划在尼夫赫人的地盘上过冬。饥荒仍然困扰着他们，于是他们故技重施，绑架了3名尼夫赫人酋长，勒索了足够维持整个冬季的食物以及12袋貂皮和6件貂皮大衣。

如此又经过1年多的流窜，波雅科夫终于在1646年初夏回到了雅库次克。尽管此行损失惨重，但黑龙江流域的富庶令他们难以忘怀。波雅科夫强烈建议戈洛文出兵征服黑龙江，让那些"定居生产粮食的米农归顺于沙皇的崇高统治之下"。

收复黑龙江　康熙两巡东北定粮策

□ 王宝琦

备粮是康熙钦定的收复黑龙江的方略之一,即在黑龙江北岸瑷珲城旧址建立军事基地,驻兵屯田,储备粮草。这样一旦开战,军队的给养即可就地解决,而不必由内地长途运输。

* * *

/ 组建新满洲 /

康熙亲政以后,决心收回黑龙江流域。他清楚,要达到这一目的,就必须加强东北的军事力量。为此,他于康熙十年(1671年)到盛京(今沈阳)巡视,下旨将黑龙江流域各族民众迁向宁古塔,组建新的满洲八旗:将黑龙江下游地区的库雅拉人和赫哲人编成78佐领,黑龙江中上游地区的索伦人(达斡尔、鄂温克、鄂伦春等族的统称)编成38佐领,为他们提供房屋、土地、耕牛、种子,让其农时屯田耕种,农闲时讲武练兵。

同时,康熙还下旨在吉林设立水师营。吉林旧名船厂,位于松花江及松花湖畔,明初即为东北造船基地。康熙所设水师营,"建木为城,倚江而居,所统新旧满洲兵三千,并徙直隶各省流人数千户,修造舰船四十余艘,又有江船数十,日习水战,以备老羌(沙俄)"。

鼓励务农练兵

康熙十二年（1673年），清朝爆发了"三藩"之乱。康熙不仅腾不出手来布置东北防务，而且为了平叛又将新满洲八旗调往内地。这不仅使得黑龙江流域再入敌手，而且嫩江、松花江流域也被对方一步步蚕食。

康熙二十一年（1682年），"三藩"之乱初告平定。但此时距康熙初巡东北已过去10年，黑龙江流域的形势已经发生了巨变。这一年，康熙再次巡视东北。他认为，开展军事行动，必须要有充足的粮草和稳定的后方作保障。为此，他进行了一系列重大部署：

一是停止最影响粮食生产的重役繁差。就以向京城贡送猎鹰的差役来说，每年三月寻觅鹰巢，四月捕捉雏鹰，七八月放鹰训练，都是一年中最为农忙的时节，应立即停止。还有如由宁古塔驻兵承担的寻觅山鸡、打鲟鳇鱼等差役，亦应停止；但对于百姓正常的打猎、采集活动，官府不得干扰。他一再告诫宁古塔将军巴海等人："田地米粮甚为紧要，农事有误，关系非细，宜劝勉之，使勤耕种。"

二是东巡所过之地，免除当年正项钱粮，至于"官垫包赔等项"，只要查明属"家户尽绝"者，即"亦并豁免"。

三是宽释人犯。东北地区历来是流放犯人的地方。清朝初年，流放至此的大多是反清的知识分子或汉人官僚。康熙下旨，除十恶不赦者外，其余一律赦免并拨给田地、房舍。

四是将山海关外各级官员由内地流任的办法改为就地补授，让官员及其家属有永久的房屋田产，使其安心戍守边疆。

制定粮策

回到北京后，康熙让大臣们讨论收复黑龙江的作战方略。大臣们意见不一，出现了两大派：一是以八旗贵族为主的"弃守派"，他们长期养尊处优，早已失去了其先辈纵横疆场的气概，因而对于"征罗刹之举，咸谓地势最远、输饷最难，故皆不愿"；一是以宁古塔将军巴海等为主的"速战派",他们认为攻取雅克萨很容易,只要发兵3000人,携红衣大炮20门,从瑷珲逆流而上,3个月即可将其攻下。

对于"弃守派",康熙说,黑龙江流域乃祖宗发祥之地,绝对不能弃之不顾,一定要"命师出征,深入挞伐"。对于"速战派",康熙认为巴海的方略很不成熟,因为清军尚未在黑龙江建立基地,而吉林至雅克萨又相距2000里之遥,如果轻敌冒进,长途远征,则必会导致粮草难以为继,半途而废。

最后,康熙钦定收复黑龙江方略如下:

一是备粮。在黑龙江北岸瑷珲城旧址建立军事基地,驻兵屯田,储备粮草。这样一旦开战,军队的给养即可就地解决,而不必由内地长途运输。此举的关键在于保障瑷珲驻军的粮食来源,康熙的办法是:先由科尔沁皇庄提供首批粮食,保证驻军3年之需;同时建设水陆运输网,将辽河平原的粮食通过松花江、黑龙江运至瑷珲;原由索伦、达斡尔人供给京师的牛羊,改为就地供给瑷珲驻军;最终由驻军屯田,实现自养。

二是收复。稳步推进,步步为营,在阻止沙俄进一步扩张之后,伺机收复雅克萨,将敌人驱逐出境。

三是戍守。退敌之后,驻兵守城,避免以往"我进则敌退,我退则敌进,用兵不已民,边民不安"的局面出现,达到永戍黑龙江、永除边患的目的。

驻兵积粮，康熙永戍黑龙江

□ 王宝琦

兵马未动，粮草先行。康熙下旨，驻军到达后，立即垦田耕种。屯田不仅补充了战前及战后军粮，而且对战后戍守产生了巨大的作用。康熙二十四年（1685年），盛京派出的官兵在瑷珲附近开田1500余垧。次年，瑷珲、墨尔根等地索伦、达斡尔官兵种地1660垧。后清政府又加强了对官庄、旗地的管理。经过长期努力，黑龙江驻军的粮食实现了完全自给。

* * *

/ 筑城瑷珲 /

康熙二十二年（1683年），康熙命副都统萨布素率兵1500人前往瑷珲筑城，同年设立黑龙江将军，萨布素首任该职。

瑷珲因瑷珲河（今芒嘎河）而得名，位于黑龙江以北，明代称之为胡里平寨。顺治九年（1652年），该城被烧毁。康熙十三年（1674年），清朝派人在此重建该城，由吉林水师营代管。

瑷珲城规模很小，必须扩建才能驻军。萨布素请求增派筑城兵丁，康熙命都统穆泰率盛京兵600人增援。

扩建后的瑷珲城为一方形，设5座城门。因瑷珲城地处江北，与内地联系不便，同年清政府又在南岸曾被敌人焚毁的托尔加城旧址另建瑷珲新城。新城规模超过旧城，其内城"排木为重垣，实以土，具雉堞之观，四门皆有楼橹。方一千三百步，高丈八尺""西南北三面，排木为外廓，方十里，南一门，西、北各二，东临江"。

新城建好后，黑龙江将军衙门移驻于此，旧城仍留兵驻守。

/ 保障军粮 /

兵马未动，粮草行先。瑷珲驻兵，粮食最为关键。

康熙下旨，驻军到达后，立即垦田耕种。"索伦、达斡尔人不谙农事，特遣部员，指挥其耕种。尝以郎中十骑课耕有法，禾稼大收。"屯田不仅补充了战前及战后军粮，而且对战后戍守产生了巨大的作用。康熙二十四年（1685年），盛京派出的官兵在瑷珲附近开田1500余晌。次年，瑷珲、墨尔根等地索伦、达斡尔官兵种地1660晌。后清政府又加大了对官庄、旗地的管理。经过长期努力，黑龙江驻军的粮食实现了完全自给。

屯田只能满足平时驻守的军粮需求，一旦开战，则必须从内地运粮。

经反复讨论，康熙决定修建一条纵贯东北的水陆联合运输线。此运输线自南到北共分四段：第一段，从巨流河渡口到辽河上游的等色屯（今吉林榆树县邓子村），造船100艘，在此二地筑仓收贮，由奉天将军监理、盛京兵卫送；第二段，从等色屯至伊屯门（今吉林伊通县），由蒙古兵以车运输并卫送；第三段，从伊屯门经伊屯河（今伊通河），沿松花江至与黑龙江交汇处，造船100艘，其筑仓收贮、造船运输事项由留镇乌喇副都统负责；第四段，溯黑龙江而上至瑷珲，造船80艘。

运粮人员待遇从优：第一段水手派自民夫，每人每月发银1两，并特批"运米时，著将地丁钱粮悉行蠲免"；第二段负责陆运的蒙古兵丁，特免其当年贡赋；第三、第四段水手，由乌喇、宁古塔兵丁、余丁、流放犯人和"八家猎户"充当，猎户运粮者，允其"停猎"。运输线全长四五千里，成为沟通东北直抵瑷珲的运输大动脉。

此外，康熙保证瑷珲守军的粮食供应所采取的方式灵活多样。康熙二十二年（1683年）六月，令理藩院官员从户部支银4000两，购买诸多生活物资，如丝绸、布匹、瓷器、茶叶等，运至瑷珲与当地居民交换粮食、牛羊。这样既补充了驻军食物，又方便了边区百姓的生活，可谓一举两得。康熙还令靠近黑龙江的科尔沁十旗将进贡给北京的牛羊就近转送瑷珲，仍按数"照进贡例赏赉"。同时，鼓励驻军围猎，补充肉食。

/ 设立驿站 /

守边作战，保持信息畅通、及时很关键。为此，康熙派户部郎中包奇、兵部郎中能特、理藩院郎中额尔塞去东北考察，并特别交代："凡驻驿人役及马匹牲畜需用之物并所食粮米，今岁耕种不及，须计及明年，多为储备。"经反复勘测，瑷珲至吉林路程1340里，共设19驿，每驿配备驿兵30名、马20匹、牛30头。驿兵从盛京、宁古塔驻军中抽选；马、牛则由户部拨出专款，命盛京将军负责采购并送往瑷珲。

为保攻取雅克萨万无一失，康熙又从内地调兵遣将加强前线力量：从福建选派善于水战的藤牌兵500人；从直隶、山东、山西、河南每省选派火器手250人；抽调蒙古兵500人维护驿站交通；大批军马预备于嫩江沿岸的齐齐哈尔，以保战时之需。

清军筑城瑷珲、进驻黑龙江，对于阻止敌军的肆虐，很快就产生了效果。康熙二十二年（1683年）七月，索伦总管博定领兵刚到额苏里，一支67人的敌军乘6只船正沿江而下。博定立即率军出击，将其包围，俘获36人及所有船只。与此同时，黑龙江流域各族民众也配合清军进驻，纷纷袭击敌军。在这种形势下，敌军不得不放弃黑龙江中下游及各支流的侵略据点，将主力全部集中到了雅克萨。

此时，清军粮足兵精，万事俱备，只待康熙一声令下，收复失地，扫除边患。

调粮布兵，清军乌兰布通大败噶尔丹

□ 王宝琦

左路军常宁部首先与噶尔丹遭遇，但因其他各路军队尚未会齐、粮食给养缺乏而失利南退。噶尔丹率军长驱追击，直达乌兰布通，距北京已不足700里。

* * *

/ 噶尔丹起兵 /

清朝初期，蒙古分为三大部：漠南蒙古、漠北蒙古和漠西蒙古。

漠南蒙古是元太祖成吉思汗的后裔，共有6盟，早在清朝入关以前就已归附。漠北蒙古又称喀尔喀蒙古，也是成吉思汗的后裔，分为三大部，即土谢图部、札萨克部和车臣部。

清朝入关前，三部分别献"九白之贡"，与清朝确立了臣属关系。

这里重点说一说漠西蒙古。

漠西蒙古又称厄鲁特蒙古，是元太师脱欢和瓦剌首领也先的后裔，居住于巴尔喀什湖以东、以南地区。漠西蒙古分为四大部：游牧于巴尔喀什湖以东、天山以北、伊犁河流域的称为准噶尔部，游牧于乌鲁木齐一带的称为各硕物部，游牧于额尔齐斯河沿岸的称为杜尔伯特部，游牧于塔尔巴哈台一带的称为土尔扈特部。四部中，属准噶尔部实力最强。康熙初年，准噶尔部首领僧格去世，其长子索诺木阿拉布坦继位。正在西藏做喇嘛的僧格的弟弟噶尔丹听到消息后立即赶回准噶尔，杀死侄儿，篡夺汗位，继而霸占其余四部的地盘，一跃成为漠西蒙古的霸主。但噶尔丹的野心并不满足于此，他要统一整个蒙古，并与清朝一较高下。

康熙二十七年（1688年），噶尔丹率3万骑兵进攻喀尔喀蒙古。土谢图汗难以抵挡，全军溃散。喀尔喀宗教首领哲卜尊丹巴对土谢图汗说："……莫若全部内徙，投诚大皇帝（康熙），可邀万年之福。"于是，喀尔喀蒙古各部南下，寻求清王朝的保护。

噶尔丹率军南下追击，直达锡林浩特，距离北京不足千里，要求清朝交出土谢图汗和哲卜尊丹巴。

/ 康熙制策 /

消息传到北京，城内商铺纷纷关门停业，米价飞涨，民众一片恐慌。

为应对危机，康熙采取了如下一系列措施：

一是派理藩院尚书阿喇尼慰问来投的喀尔喀各部，安置其于科尔沁草原放牧，并发粮赈济。

二是知会周边各国，不得向噶尔丹提供武器和财物援助。

三是策反噶尔丹的侄子策妄阿拉布坦（僧格次子），使其率领5000部众返回伊犁河流域，"尽收噶尔丹妻子、人民而去"，端掉了噶尔丹的老窝，断绝了他的后勤补给来源。

四是调兵遣将。以恭亲王常宁为安北大将军，率右路军出嘉峰口；命裕亲王福全率左路军出古北口；调遣蒙古兵从科尔沁方向、索伦兵从吉林方向出动，协助左右两路主力进攻。各路清军总计10万人左右。

五是调运军粮。动用大批骆驼和大车，从古北口各仓向前线运粮；出征官兵每人发4个月行粮，家属发两个月安家粮；关内运粮由直隶巡抚于成龙负责，关外由蒙古兵护送。同时从古北口向前线设立驿站，以保持信息畅通。

康熙决定诱敌深入，一举歼灭噶尔丹。为此，他派使者前往噶尔丹军营，"婉言相慰，羁縻其前行，勿怒而激之"。同时告知阿喇尼，如果噶尔丹退兵，要想办法全力阻止；如其北逃，则发兵追击。为进一步麻痹噶尔丹，康熙还给其写信说清军北进"非讨汝也，欲定议耳"，并给其送去100只羊和20头牛。

但大批清军四方云集，怎能掩盖其真实战略意图？噶尔丹派人给康熙传话："夫执鼠之尾，尚噬其手；今虽临以十万众，亦何惧之有？"他正要与清军一决雌雄。

左路军常宁部首先与噶尔丹遭遇，但因其他各路军队尚未会齐、粮食给养缺乏而失利南退。噶尔丹率军长驱追击，直达乌兰布通，距北京已不足700里。

/ 乌兰布通之战 /

噶尔丹不断南下，这对清军反而更加有利，因为战场越近，清军的运粮线路就越短，而敌军的后勤线则越长。

康熙命令福全聚集各路清军北进迎敌，令康亲王杰书移师归化（今呼和浩特），以断噶尔丹归路。福全率军进驻于乌兰布通以南40里，扎营40座，连营60余里，阔20余里，"首尾联络，屹如山立"。

乌兰布通位于今内蒙古翁牛特旗西南。该地北面靠山，南有高凉河（沙拉木伦河上游支流），地势易守难攻。

噶尔丹背山面水布阵，将万余骆驼缚蹄卧地，背负木箱，蒙以湿毡，摆成一条如同城栅的防线，谓之"驼城"，然后令士兵于驼城之内，依托箱垛放枪射箭。

福全下令集中火铳火炮，猛烈轰击驼阵，自午后至日落，将驼阵轰断为二，然后挥军渡河进攻，以步兵从正面发起冲击，以骑兵从左翼迂回侧击。噶尔丹大败，率众全部撤往山上。

当时，噶尔丹粮食补给已经不足，再加上伤亡很大，已无力与清军对抗，遂行缓兵之计，派人向清军乞和，发誓永远不再南犯，也不再索要喀尔喀首领。福全下令停战。噶尔丹率残部乘夜渡过高凉河向西北逃去，沿途焚烧草地，以阻止追兵。北逃途中，其部队爆发瘟疫，再加上缺吃少穿，回到科布多时只剩下几千人。

福全发现噶尔丹远遁，欲领兵追击，但清军粮草只能维持几天，于是传令班师。乌兰布通之战到此结束。

千里运粮 康熙再征噶尔丹

□ 王宝琦

虽然在乌兰布通遭到清军重创，但噶尔丹吞并蒙古各部的野心未死；虽然他曾对天发誓不再东犯，但当其军事实力恢复之后，又开始谋划征服喀尔喀。面对噶尔丹此举，康熙决定千里运粮，御驾亲征。

* * *

康熙三十四年（1695年）五月，噶尔丹率2万人从科布多东进。他吸取乌兰布通兵败的教训。这一次，他驻军于土拉河和克鲁伦河之间，打算以疲敌战术不战而胜。如果清军大举来讨，他就率军逃跑，等清军退去后又返回，如此反复，使清朝因为长途运粮而疲惫不堪。同时策反漠北和漠南蒙古，使清朝首尾难以相顾，最终实现称霸蒙古草原的目的。

/ 运筹帷幄千里运粮 /

康熙自乌兰布通大败噶尔丹之后，将南迁的喀尔喀蒙古分为左、中、右3路，编为37旗；设立驿站，沟通内地与漠北的联络；设立火器营，训练蒙古兵使用火铳火炮。此次噶尔丹再次东犯，康熙决定御驾亲征。

满朝文武大多反对长途远征，因为克鲁伦距北京2000里之遥，途中要穿越沙漠，运粮难度和成本极高；当年明成祖朱棣五征漠北都未能讨平蒙古；顺治时派兵北征喀尔喀，也因征途遥远和粮运艰难无功而返；此后多尔衮尝试北征，也终未成行。大家都建议等噶尔丹进入漠南蒙古以后再用兵反击。康熙坚决反对这一策略，最后决定兵发3路，对噶尔丹并进合击。具体部署如下：

中路大军包括京师八旗满兵、汉军火器营、盛京兵、黑龙江兵、宁古塔兵、宣化府绿营兵、古北口绿营兵，加上喀尔喀蒙古兵，约4万多人，另有厮役1.7万人，每人自带80日口粮，发3个月饷银；造车5000多辆、备畜2万多头用于运粮，运粮部队8000多人，由直隶巡抚于成龙负责。

西路军分为归化城与宁夏两支，由抚远大将军费扬古统率，分别从归化、宁夏两地起程，在喀尔喀深处的翁金河会合后，向土拉河挺进，以堵截噶尔丹西退之路。归化城兵总计在3万人以上，由费扬古亲自统领。每人自带80日口粮，其余粮食用1500辆车运送，运粮人员约3000人。宁夏军加厮役共约1.7万人，由振武将军孙思克率领，受费扬古节制，每人拨给5个月行粮，除官兵少有自带，其余均以驼马驮运，运粮人员2500名。

东路军加厮役共约1万人以上，由黑龙江将军萨布素统率。其主要任务是防止噶尔丹在清军主力到达前向东北流窜。因东路军近边布防，故无须由内地运送军粮。

为保万无一失，康熙又调锡林郭勒、昭乌达、哲里木三盟骑兵集结于索岳尔济山之西的乌尔会河源头，以便策应东路军。

为便于运输粮食和器材，康熙筹备了大量防雨防寒器具及木材；为提高行军速度，还在土木堡专设官署，增设多路驿站，负责传递信息，加强各路军队的联络。同时，在沿途先期开凿了不少水井。

进军克鲁伦

经10天跋涉，康熙率中路军于1696年3月10日过独石口，进入漠南地区。康熙下令，大军清晨启行，日中驻扎，众皆每日一餐，以便人马休息，节省粮食。由于准备充足，康熙又事必躬亲，中路军行进极为顺利，于18日到达察哈尔正蓝旗境内的揆宿布喇克。此地水草丰美，中路军选择以此为关外第一个兵站，将军粮的一部分存放于此，以供回程时食用。

次日，康熙得到费扬古送来的行军计划：西路大军已于3月13日越过汛界，将于4月3日抵达翁金河，24日至土拉河，27日到达巴颜乌兰。

根据这一时间表，康熙与费扬古约期合击噶尔丹。他率军由揆宿布喇克穿越沙地，进入阿巴嘎旗、苏尼特左旗，于4月6日抵达格德尔库。

此时，东路军也在赶往克鲁伦河途中，但由于中路军已按原计划到达预定地点，因而无须参战。4月9日，康熙下旨："将军萨布素之兵来亦无及，兵马徒然劳顿。着萨布素于喀尔喀河相近好水草处喂养马匹。"东路军由此退出了战场。

4月14日，中路军到达西巴尔台，此地距噶尔丹驻地只有3天路程。如果费扬古统领西路军能按计划于4月27日到达巴颜乌兰，而且在此期间噶尔丹对清朝的军事行动尚未察觉，那么康熙将于10天后发起攻击。噶尔丹只有2万人马，除去老弱和妇女儿童，战斗人员不会超过1万人，无论如何也难敌清军3万精锐之师。到时噶尔丹一定会西逃，也一定会被费扬古的西路军挡住归路，土拉河将成为噶尔丹的葬身之地。在康熙看来，噶尔丹兴兵8年，清朝梦寐以求的胜利可以看得见了。然而，此时费扬古却发来急报，称西路军无法按原计划到达巴颜乌兰！这一消息让康熙及所有随军大臣都惊得目瞪口呆——西路军到底遭遇了怎样的变故？且听下回分解。

缺粮，费扬古轻装急进克敌制胜

□ 王宝琦

当孙思克追上费扬古，两军艰难推进到杭爱山时又遇新麻烦：土拉河布尔察克以南的草原已被噶尔丹全部焚毁，因此战马不得饱食。费扬古不得不再次裁减兵员，只率万余人向土拉疾进。

* * *

/ 西路军途中困难重重 /

费扬古所率西路归化军计划于1696年3月25日左右同孙思克率领的宁夏军在翁金河会师。然而，当费扬古到达翁金河时，孙思克距翁金河尚有10日路程。原来，孙思克军未休整便上路，途中又遭暴风骤雨，行军延误致所携粮食仅够一个月食用。

如此，费扬古只好单独前进，造成了西路军内部归化兵与宁夏兵无法策应的局面。紧急关头，孙思克决定汰弱留强，亲率2000名精兵追赶费扬古；其余军队，一半押运粮食随后跟进，一半在翁金河留守，接应后勤部队。

当孙思克追上费扬古，两军再艰难推进到杭爱山时，又遇到新麻烦：土拉河的布尔察克以南的草原已经被噶尔丹全部焚毁，因此战马不得饱食。费扬古不得不再次裁减兵员，只率万余人向土拉疾进。

西路大军无法按原计划于4月24日到达土拉河，费扬古急报康熙，请求将到达时间推迟10天。

/ 噶尔丹逃遁 /

康熙权衡利弊，决定缓进，以观局势。4月24日，康熙到达察罕布喇克，在此一直驻跸到4月30日。期间，费扬古送来新的行军计划：西路军将于5月6日至巴颜乌兰。康熙据此再次调整行程，缓慢前进。

5月1日，中路军到达拖陵布喇克。此地距克鲁伦河仅230里，康熙把此地作为最后一个根据地，存放粮草，留兵驻守。在这里，他向噶尔丹派出使者，目的有以下三点：

迫使噶尔丹投降。康熙担忧与噶尔丹相持时间过长会导致清军粮饷告罄，故明确告知噶尔丹，清朝3路大军分兵合击已逼近克鲁伦河，以使噶尔丹感到自己已经被清军包围，无法逃脱，想求生只好缴械投降。此是上策。

羁縻噶尔丹以待西路军。康熙告知噶尔丹，双方应反复遣使进行必要的沟通，其目的就是为西路军的前来赢得宝贵时间。此为中策。

刺探噶尔丹的虚实。如果噶尔丹得知清军大举进剿即望风而逃遁，便可以判断他势单力薄，无力抵抗；相反，如其选择抗拒，则说明其很可能拥有雄厚的兵力。这样便于清军随时调整作战部署。这是不得已的下策。

4日，由于降雨，康熙未如期进兵。5日，他率军由拖陵向克鲁伦河进发。然而当清军于11日到达噶尔丹所驻之地克勒和朔时，却不见噶尔丹人马的踪迹。康熙领兵火速追击，12日到达战略要地拖讷山时，从一位老妇人口中得知，噶尔丹离开此地已有4天。此时，清军所带口粮即将告尽，而于成龙所运粮食又迟迟未到，如果大军继续前进，大军缺粮情况将更加严重。最后康熙决定，任命领侍卫内大臣马思喀为平北大将军，率领2000名骑兵，携带20日口粮，穷追噶尔丹；大军则原路返回催运军粮。

昭莫多之战

再说费扬古。他率西路军历尽艰辛，跋涉77天，于5月13日到达兵家必争之地——昭莫多。此时，噶尔丹率军正在西逃途中，距昭莫多只有30里。费扬古探知军情，来不及休整，立即着手布阵。命前锋统领硕代、副都统阿南达率前锋军往特勒尔济口诱敌。

噶尔丹没想到清朝西路军主力会赶在自己前面，以为前方挡路的只是清军一些散兵游勇，于是率军追击，进入了费扬古布好的战场。噶尔丹及其妻阿奴"冒炮矢，舍骑而斗，锋甚锐，不可败"。费扬古命左侧军以柳林为掩护突袭敌军侧翼，派另一支军队沿右侧袭击敌妇幼、辎重。噶尔丹军大败，噶尔丹之妻阿奴战死，噶尔丹率数十骑突围逃走。

康熙三十六年（1697年）二月，鉴于噶尔丹拒不投降，康熙第3次亲征。噶尔丹旧部自知无力抗争，纷纷归顺清廷。噶尔丹众叛亲离，走投无路，服毒自杀。一代草原枭雄就此退出历史舞台。

清军二次入藏缘何只有1.2万人

□ 王宝琦

康熙三征噶尔丹,每次出兵10万人以上,此次入藏,为何只有1.2万人?原因在于入藏道路艰险,如果兵力太多,后勤补给将无法实现。同时,由于七世达赖随军入藏,所以青海、蒙古各部表现相当积极,纷纷自备粮草,随清军助战。

* * *

/ 准噶尔军入藏 /

噶尔丹死后,策妄阿拉布坦成为准噶尔部的新首领。策妄阿拉布坦仍然谋求称霸蒙古,但吸取当年噶尔丹败亡的教训,不敢再对喀尔喀大举兴兵,更不敢与清军发生直接对抗,而是另辟蹊径,打算利用蒙古各部信奉藏传佛教的条件,先进兵西藏,控制达赖喇嘛,然后以宗教的影响力去征服蒙古各部。

当时,西藏的最高首领是拉藏汗,其下是五世达赖,达赖之下是第巴桑结嘉措。达赖主管宗教事务,第巴桑结嘉措主管政务,拉藏汗则掌控军政大权。第巴桑结嘉措具有强烈的个人野心,他既不肯服从于拉藏汗的领导,也不愿接受清朝中央政府的管辖。五世达赖圆寂后,第巴桑结嘉措秘不发丧,选择一个与五世达赖长相相似的僧人为替身,宣布达赖要长期静坐,修炼秘法,一切事务由第巴桑结嘉措代达、代行。他事实上成了西藏的政教首领。这种状况一直持续了15年，直到康熙第二次亲征噶尔丹时，才从俘虏口中得知此事。康熙致书第巴桑结嘉措，责令其立即改正。

无奈之下，第巴桑结嘉措公布五世达赖圆寂，但又私自宣布转世灵童仓央嘉措已找到，并正式迎其到布达拉宫坐床，是为六世达赖。拉藏汗对此表示反对，发兵打败并杀了第巴桑结嘉措，将其所立六世达赖解送北京（六世达赖仓央嘉措于途中不知所踪），另立伊喜嘉措为六世达赖。但西藏多数僧侣以及青海、蒙古各部对此不予承认。不久，青海、蒙古又宣布在里塘找到了六世达赖的转世灵童噶桑嘉措，并奉其为七世达赖。

这种混乱的局面为策妄阿拉布坦染指西藏提供了机会。他将自己的女儿许配给拉藏汗之子丹衷，并让其到准噶尔娶亲，然后又以护送丹衷夫妇归藏为名，派其表弟策零敦多布带兵6000人由藏北腾格里海进入西藏，并将毫无防备的拉藏汗杀死，将其所立六世达赖囚禁在拉萨的药王山，从而开始了准噶尔部对西藏的统治。

/ 清朝出兵 /

消息传到北京，康熙皇帝命令驻兵清海的侍卫色楞和署西安将军额伦特率兵入藏平叛。

清军行进于木鲁斯乌苏（今青海通天河）时，额伦特建议就地驻扎，然后派人引诱准噶尔军来战，再以逸待劳对敌予以全歼。但色楞认为木鲁斯乌苏没有树木，用来生火做饭、取暖的牛粪很少，又值雨季，士兵只能以炒面加水食用；当地的玉树部落与准噶尔部素有联络，如果长期驻兵于此，不仅白白耗费粮食和马畜，而且易生不测。他认为应当利用当前士气高涨、前方牧草茂盛的时机抓紧进军。

于是，色楞率2600人先行进发，额伦特率领1200人押运粮草随后跟进，沿途清军连战连捷，直抵喀喇乌苏（黑河），二人分营驻扎。

过了几天，清军后续部队押运粮食前来，准噶尔军1600人出击抢粮。额伦特闻讯立即赶去救援，虽然击退了准噶尔军，但粮食只夺回了一部分。10多天后，清军又一批粮食被准噶尔军截走。

清军在喀喇乌苏驻扎一月多，周围的青草被战马吃完，不得不到十几里外的地方去牧马。准噶尔军又突然出动，抢去了清军大部分马匹。

这时，清军欲固守粮饷已尽，欲突围马匹被夺，陷入了极为不利的局面。清军在饥寒交迫中又固守了一个多月，最后只能杀马充饥，而战马很少，难以支撑多久。额伦特率一支部队夜渡喀喇乌苏，准备迎接粮饷部队，并寻找撤退的道路，结果被准噶尔军发现，遭到包围。额伦特中枪身亡，所部全军覆没。

策零敦多布要求色楞到准噶尔军大营议和。色楞陷入绝境，别无选择，只能前往，准噶尔军将其扣留。色楞乘夜杀死看守欲逃，但没有成功，最后被饿死在敌军营中。

/ 驱准噶尔军出藏 /

首战失败，康熙于次年重组入藏军队，任命皇十四子胤禵为抚远大将军，坐镇西宁，调兵协饷，全权指挥。入藏军队下辖中、南、北3路大军：中路由平逆将军延信统领陕、甘满汉官兵从西宁向喀喇乌苏进兵，同时正式承认青海、蒙古所立七世达赖，并由中路军护送其入藏坐床；南路由征西将军噶尔弼、副将岳钟琪统领滇、川、楚、浙满汉官兵从打箭炉（今康定）进兵拉萨，由四川巡抚年羹尧督运粮饷；北路由靖逆将军富宁安驻兵巴里坤。北路军并不入藏，主要目的是牵制策妄阿拉布坦，使其难以向西藏增兵。

3路军队共计1.2万，号称36万。康熙三征噶尔丹，每次出兵10万人以上，此次入藏，为何只有1.2万人？原因在于入藏道路艰险，如果兵力太多，后勤补给将无法实现。同时，由于七世达赖随军入藏，所以青海、蒙古各部表现相当积极，纷纷自备粮草，随清军助战。

南路清军出发后，沿途藏族土司望风而降。噶尔弼、岳钟琪到达拉萨后，立即断绝对准噶尔军的粮食供给，并召回了协助准噶尔军的藏兵，使驻守喀喇乌苏的策零敦多布处境被动，从而为中路军入藏创造了有利条件。

护送七世达赖进藏的中路军，在喀喇乌苏等地3次大败准噶尔军，策零敦多布仅率600残军逃回伊犁。

随后,满汉大臣、蒙古各部首领、西藏贵族齐聚布达拉宫,举行了七世达赖坐床仪式。

康熙废除西藏汗王和第巴制度,选定在"驱准出藏"战争中有功的藏族官员康济鼐、阿尔布巴、隆布鼐和扎尔奈4人为噶伦,组成了西藏新的地方政府。

春草未生,岳钟琪千里奔袭定青海

□ 王宝琦

罗卜藏丹津率部逃到离西宁千里之遥的柴达木河一带。年羹尧提出等来年4月草青时4路并进合攻叛军的作战方案。而岳钟琪则提出乘春草未生以精兵5000人、马万匹,乘敌不备远程奇袭的作战方案。

* * *

雍正元年(1723年),青海蒙古和硕特部首领罗卜藏丹津叛乱。清廷命年羹尧、岳钟琪率军镇压。岳钟琪乘春草未生、叛军无备,率兵5000人,15天奔袭上千里,直捣敌穴,一举平叛。

/ 罗卜藏丹津起兵 /

明朝末年,蒙古和硕特部游牧于乌鲁木齐一带。崇祯十年(1637年),由于不堪忍受准噶尔部的侵扰,固始汗率和硕特部进入青海地区。崇祯十五年(1642年),固始汗率兵入藏,攻灭藏巴汗,与黄教(喇嘛教)领袖联合建立了西藏地方政权。固始汗死后,其后裔分为3支:在西藏者为拉藏汗(固始汗之孙),在河套者为鄂齐图汗,在青海者为八台吉。康熙年间,清朝在察罕托罗海主持会盟,青海和硕特部诸台吉一致议定归附清朝,并前往北京朝见康熙皇帝。康熙册封固始汗唯一在世的第十子达什巴图尔为"和硕亲王",其余台吉分别为"多罗贝勒""固山贝子"及"辅国公"等。

达什巴图尔去世后，其子罗卜藏丹津承袭"和硕亲王"爵位。当时，准噶尔部侵入西藏杀了拉藏汗，康熙发兵入藏征讨准噶尔，罗卜藏丹津率青海各部随清军入藏作战。驱除准噶尔军以后，罗卜藏丹津希望清廷册封他为西藏汗王。但清政府决定直接过问西藏政务，遂建立了噶伦联合执政的西藏地方政府，又对青海实施"众建而分其势"的措施，晋升"多罗贝勒"为"察罕丹津亲王"，令罗卜藏丹津与其共领青海和硕特右翼。这样，罗卜藏丹津不仅没有当成藏王，反而连总领青海的职位也失掉了。对此，他愤恨难平。

不久，康熙驾崩，雍正继位，驻守西宁的皇十四子胤禵回京奔丧。

罗卜藏丹津决定发动叛乱。他胁迫青海和硕特蒙古诸台吉在察罕托罗海会盟，自称"达赖浑台吉"，并强迫诸台吉去掉清朝政府封号，改称固始汗时的蒙古旧号，同时发兵攻击不肯反清叛乱的察罕丹津等部。

叛军袭击清军驻地，攻城放火，烧毁民间积聚的草谷，抢掠牲畜财物。一时间，青海各地烽烟迭起。

/ 清军平叛 /

战报传到京城，雍正任命川陕总督年羹尧为抚远大将军，进驻西宁，指挥平叛。年羹尧上疏推荐四川提督岳钟琪为奋威将军，协助其参赞军务。

岳钟琪非常善于打仗，当年在驱准噶尔军出藏之战中表现出众。当时，岳钟琪率南路军从四川向拉萨进军。途中突然得令，让其就地驻扎，等与北路军会合后共同进藏。岳钟琪对主将噶尔弼说："我军只带两月口粮，从川西到此，已过了40多天。若在此等待北路军，等粮食耗尽了，如何入藏？现不如乘机疾进，约10日可抵拉萨，出其不意，容易荡平。"于是，他亲率600人先行，途中招降藏兵7000人，直捣拉萨，然后立即断绝准噶尔军后援，为北路军顺利进藏和战争胜利创造了条件。所以，此次出兵，年羹尧奏请雍正，定要岳钟琪做副手。

年羹尧筹集驼马8500匹、粮食6万石、火药1.8万斤，分兵进驻于永昌隆吉河、巴塘、里塘、黄胜关、吐鲁番及嘎斯泊等地，形成了对叛军的战略包围。不久，岳钟琪率大军赶到。在清军的攻击下，叛军的据点逐个丧失，罗卜藏丹津上疏谢罪，请求投降。雍正置之不理，下令平叛到底。

罗卜藏丹津率部逃到离西宁千里之遥的柴达木河一带。年羹尧提出等来年四月草青时4路并进合攻叛军的作战方案。而岳钟琪则提出乘春草未生，以精兵5000人、马万匹，乘敌不备远程奇袭的作战方案。年羹尧将两种方案一并上报。最终，雍正批准了岳钟琪的方案。

次年农历二月初八，岳钟琪率所部5000精兵，携20日口粮，一人两骑，自西宁西进，沿途捕杀叛军的侦骑并消灭其留守部队，神不知鬼不觉地进入柴达木河上游地区。二月二十日，探知罗卜藏丹津大营在乌兰穆和尔后，岳钟琪率军连夜疾行，直捣叛军大营。当时，罗卜藏丹津部属尚未起床，人不及衣，马未衔勒。清军发动突然袭击。罗卜藏丹津换上妇人衣服，狼狈而逃。

罗卜藏丹津逃往新疆，投奔了准噶尔部，一直住在伊犁，直到乾隆二十年（1755年）清军消灭准噶尔部以后，才向清军投降。乾隆皇帝念其当年协助清军入藏有功，免其死罪，并赏给府宅，令其居住。罗卜藏丹津后来老死于北京。

/ 屯田善后 /

平叛后，年羹尧和岳钟琪拟定《青海善后十三条》上奏，雍正批准实施。其主要内容包括：一是改西宁卫为西宁府，设西宁办事大臣，管理青海一切事务；二是在河西走廊、川西、巴塘、里塘、潘州等地设官驻兵，一旦青海有事，"北至陕省，南至滇省，俱可援助"；二是将青海和硕特蒙古原有编制打乱，仿内蒙古盟旗制，编为29旗，定期会盟，向清政府朝贡；四是从直隶、山西、河南、山东、陕西5省征调犯人，在西宁一带招募农民与驻军家属垦荒屯田，由地方官给予牛具、种子，3年后征收赋税；五是在青海边境地区开设集市，与内地进行贸易往来，每年二月、八月两次，对于蒙古牧民所需的茶、布、面等物品则一年四季进行贸易；六是整顿寺院，规定寺院之房，人多者不得超过300间，少者10多间，每年由政府稽查两次，日常所需生活费用由理藩院统一承办。

雍正讨伐噶尔丹策零，互拼粮策

□ 王宝琦

雍正讨伐噶尔丹策零，互拼粮策。在最终的光显寺之战中，准噶尔军伤亡上万，粮食辎重以及随军的骆驼、牛、羊全部丧失，导致其部民生计窘困、怨声载道。策零不得已于次年向清政府求和。

* * *

策妄阿拉布坦死后，其子噶尔丹策零继承汗位。雍正遣使索要当年逃往准噶尔的青海和硕特部首领罗卜藏丹津，但策零拒不交出。于是，雍正准备兴兵讨伐。

/ 科舍图卡伦之战 /

雍正七年（1729年），清政府命川陕总督岳钟琪为宁远大将军，屯兵巴里坤，作为西路军营；命领侍卫内大臣傅尔丹为靖边大将军，屯兵阿尔泰，作为北路军营。正当两路大军准备出师之际，策零派使者特磊到岳钟琪军营，说罗卜藏丹津企图谋害策零，被准噶尔人发现；本来打算将其押送北京，但策零听到清兵将要西征的消息后，又将其押回了伊犁。特磊说，策零希望与清政府和解。其实这是策零的缓兵之计。岳钟琪将信将疑，不敢做主，把这一情况奏报雍正。雍正命暂缓出兵，就地待命。

岳钟琪命副将查廪率兵到科舍图卡伦草场放牧骆驼、马匹。查廪是八旗子弟，打仗没两下子，却一身的坏习气，竟然带领手下兵将躲在山谷里聚众饮酒，甚至把妓女带来取乐。

策零乘其无备，率兵2万偷袭科舍图卡伦，截走驼马。岳钟琪闻讯后领兵前去救援，与准噶尔军苦战7天7夜，将大部分驼马夺回。

雍正得知此事后，命岳钟琪、傅尔丹继续进兵。岳钟琪率大军迎击准噶尔军，命副将石云倬领兵截断准噶尔军归路。但石云倬行动缓慢，致使准噶尔军全部逃走。

雍正将岳钟琪调回北京，投入大狱。

/ 和通泊之战 /

傅尔丹率兵1万进至科布多，策零率兵3万屯扎于博克托岭迎战。

傅尔丹派人打探敌情，抓来几个准噶尔军士兵审问。准噶尔军士兵说："我军前队有上千人刚到博克托岭，带有2万只骆驼和上万石军粮，后队人马尚未到达。"一听此言，傅尔丹决定夺取敌军骆驼和粮食。副都统定寿说："行军打仗，一般常识都是精锐在前，粮草辎重在后，准噶尔军怎么会先后倒置呢？况且2万只骆驼驮运上万石军粮，只派1000人押运，显然也不合常理。准噶尔军士兵的话疑点太多，不可相信！"傅尔丹说："准噶尔军只会乘夜盗马，没有多少战斗力；即使他们有伏兵，又有什么可怕的？我正愁准噶尔军不来呢！"于是，傅尔丹命副将军巴赛率兵4000先行，自己亲率大军随后接应。

马赛率军来到岭下，见山谷中有几十匹骆驼在吃草，少量准噶尔兵一见清军立即逃往谷中。巴赛下令追击。追了几十里，见又来一股准噶尔军挡路，马赛率兵猛冲，准噶尔军一触即溃。巴赛再追，突然听到胡笳声四起，准噶尔军从四面杀来。巴赛知道中计，急忙整队想退出山谷，但来路已被截断。巴赛中箭而亡，4000清兵无一生还。

傅尔丹得报巴赛全军覆没，遂率军退往和通泊，但很快即被准噶尔军包围。到了晚上，傅尔丹命各将率领所部人马分头突围，自己则混杂在普通士兵中乘乱逃跑。几天后，傅尔丹带领2000残兵逃到科布多，粮草辎重全部丧失。

光显寺之战

策零大败傅尔丹之后，乘胜向喀尔喀进兵。但这一次，他跌了一个大跟头，因为他遇到了一个强硬的对手——清朝驸马、喀尔喀蒙古三音诺颜部亲王策凌。

且说策零率兵3万大破喀尔喀三音诺颜部，抓了策凌的老婆、孩子，驱赶着他的数万头牛羊撤退。当时，策凌正领兵在外，听到这个消息，立即点起喀尔喀2万骑兵火速追击准军。

2万人不是个小数目，策凌怎么一下子就能点齐这么多人，而且立即就能投入战斗呢？原来游牧民族寓兵于民、兵民为一，平时士兵就是牧民，战时15岁以上60岁以下的健全男子皆为士兵，而且一年四季每天都处于战备状态，每名士兵随时都备有数匹快马和两个月口粮，一旦警报传来，马上就能集结成军、投入战斗。

策凌率兵到达杭爱山（位于今蒙古国中部，宋时称燕然山）西麓，探知准噶尔军就在附近一条山谷中。到了夜里，策凌率兵翻越山岭，突然杀向敌营。

策零没料到喀尔喀骑兵反应会如此迅速，因而毫无防备，准噶尔军一个个从睡梦中惊醒，慌乱中找不到兵器，分不清敌我，乱成一片，四散而逃。

策凌又率精锐骑兵绕到准噶尔军前方，到达鄂尔昆河沿岸的额尔德尼昭地方。额尔德尼昭汉文名字叫光显寺，寺的右面是山，左面是河，地势十分险要。策凌率军占据有利地形，设下伏兵，然后派出一支部队前去引诱准噶尔军。傍晚时分，大批准噶尔军蜂拥而至，诱敌的喀尔喀兵"落荒而逃"，准噶尔军紧追而来。喀尔喀伏兵杀出，准噶尔军再败。准噶尔军跌入山谷、河流的人不计其数，连河水都被染成了红色。

此战，准噶尔军伤亡上万，粮食辎重以及随军的骆驼、牛、羊全部丧失，导致其部民生计窘困、怨声载道。策零不得已于次年向清政府求和。而雍正自从向准噶尔用兵4年以来，人力、物力消耗也十分巨大，军费开支高达3000万两白银。于是，双方开始和谈，最后议定，准噶尔与喀尔喀以阿尔泰山为界，谁也不能到对方一边去放牧。此后，西北地区保持了将近20年的平静。

乾隆大兴屯田，准噶尔实现长治久安

□ 王宝琦

乾隆平定准噶尔后，将天山南北的广大区域称为新疆。为加强对新疆的统治以及对西北边陲的防守，乾隆决定在北疆驻兵，大兴屯田。这不仅很好地解决了军粮问题，而且使北疆的粮食还开始内调。

* * *

清朝经康、雍、乾三代不断用兵，终于在乾隆时期平定了准噶尔，并在当地大兴屯田，实现了长治久安。

/ 平定准噶尔 /

噶尔丹策零死后，准噶尔部各贵族之间为争夺汗位而相互攻杀，最后达瓦齐（策零弟弟的孙子）在阿睦尔撒纳（策零妹妹的儿子）的帮助下夺得汗位。但达瓦齐看到阿睦尔撒纳实力太强，担心其会威胁到自己的汗位，又率领大军攻打阿睦尔撒纳。阿睦尔撒纳难以抵挡，率领部众投奔了清朝。

乾隆认为这是解决准噶尔问题的大好时机，于是筹集粮饷，调兵遣将，以阿睦尔撒纳为前锋，准备于次年秋天征讨达瓦齐。阿睦尔撒纳提出："秋天，我军马肥膘壮，的确是进兵的好时机，但这一有利条件对方也与我军共同占有。如果我军在初春时候突然进兵，那时草原上青草尚未发芽，敌军认为我军无法长途输送粮草，就会疏于防备；而且因为战马缺乏草料，敌人也无法向远处逃跑。这样我们一定会一举成功,不留后患。"乾隆采纳了阿睦尔撒纳的建议,于乾隆二十年(1755年)二月大举西征,一举打败了达瓦齐并将其活捉。

为便于对准噶尔地区进行统治,乾隆决定分而治之,在当地设立4个汗王,阿睦尔撒纳是其中之一。但阿睦尔撒纳希望成为准噶尔4部总汗,梦想继续称霸西北。对此,乾隆明确表示拒绝。于是,阿睦尔撒纳召集准噶尔各部再次叛清。不得已,乾隆再次向准噶尔用兵。经过半年征战,阿睦尔撒纳战败,逃往沙俄,最后病死在异国他乡。至此,清朝彻底平定了准噶尔。

/ 大兴屯田 /

乾隆平定准噶尔后,将天山南北的广大区域称为新疆。为加强对新疆的统治以及对西北边陲的防守,乾隆决定在北疆驻兵。但由于长期战乱,新疆人口稀少,大片土地没人耕种,大军驻守面临军粮无法保证的困难。就是从最近的甘肃地区调拨粮食,运至伊犁也有几千里之遥。长途运输,民力维艰不说,甘肃地瘠民贫,本省粮食也仰赖陕西等地支援,实际上是无粮可调。为了一劳永逸地解决准噶尔问题,乾隆决定在当地屯田。

屯田有兵屯、民屯、回屯、犯屯之分,具体情况如下:

兵屯在北疆大规模展开,凡有驻兵之地必有兵屯。在平定阿睦尔撒纳接近尾声的时候,大批绿营兵退出战场成为闲员。为保证在疆军队的粮食供应,乾隆命令驻守在巴里坤的绿营兵首开屯田。参加种地的士兵共计3600人,开荒29300亩,当年收粮35800石,可供1万人食用1年。从此,兵屯在北疆全面展开。刚开始,屯兵每5年一轮换,后来允许士兵携家属长期驻守。政府视其上交粮食的多少,给予不同程度的奖励。

民屯主要是为解决内地流民无地可耕的问题。屯民主要来自甘肃地区。当时,甘肃连年大旱,流民与日增多,乾隆下令将流民招往新疆垦荒。但流民畏惧路途遥远以及对新疆的陌生,大多不愿前往。为此,清政府提供了很多优惠条件,如提前兴修水利,用开渠的土石建设房屋村寨,由官府提供种子、耕牛和马匹等,使屯民一到新疆就有房可住,有渠可灌,有必要的工具，可立即投入生产。民屯主要集中在乌鲁木齐和巴里坤等地。刚开始，迁往那里的流民只有几百户，开垦田地有限。到乾隆末年，迁入的内地农民越来越多，所开屯田已百万亩，成为新疆屯田的主力。

回屯是指当地维吾尔族农民的屯田。清代时维吾尔族人主要居住于南疆，因当时维吾尔族人被称为回回，南疆因此也称为回疆。在准噶尔统治时期，大量回疆人被强行迁往伊犁种地。清朝统一新疆后，以减免南疆各城赋税为优惠条件，吸引维吾尔族人继续前往伊犁屯田。当时在伊犁屯田的6000多户维吾尔族人连年大获丰收：小麦收获量达播种量的20倍以上，青稞更是高达40倍，平均每人收粮40石，当地驻军每年可收税粮9万多石。

所谓犯屯是指将内地的犯人发往新疆屯田。重犯以5年为期，轻犯以3年为期，只要服从管理、努力生产，到期即可获释为民，但获释后不能再回原籍，而要世世代代留在北疆。这样，犯人不仅获得了改造自新的机会，而且为新疆增加了人口，同时驻军也获得了更多的粮食。

/ 驻军足食 /

新疆大兴屯田，很好地解决了军粮问题。伊犁将军伊勒图因当地粮食生产连年丰收，奏请停止由内地向伊犁派遣屯兵，结果被乾隆大加斥责。

乾隆说："新疆地方广大，屯田是一项事关国家长治久安的重大举措。本来因为粮食少，不得已才驻兵少，现在粮食多了，就应该再接再厉，派更多的人去屯田，以养活更多的驻军。以前历经几十年不断用兵而无法解决准噶尔问题，就是因为粮食太少，难以派遣大军，更难以持久作战。现在粮食生产多了，难道害怕粮食没有用武之地吗？"乾隆鼓励屯田多多益善，使得北疆地区屯田星罗棋布、四处开花：从东部的巴里坤到西边的伊犁，北至塔尔巴哈台，南抵库尔喀喇乌苏。从绿旗兵到维吾尔族农民、汉族移民、遣犯、商人，都投入到垦荒的热潮中，使得北疆的粮食生产不仅大大满足清军设防之需，而且开始内调。如乾隆三十七年（1772年），陕甘总督文绶就从北疆向内地输送粮食50万石。

兆惠掘地得粮定南疆

□ 王宝琦

　　来人看到兆惠疑惑的神情，笑着说："我回疆人素有挖地窖藏粮的习惯。当初为应对准噶尔人的抢掠，我们伯克大人在地窖里藏了一大批粮食。也是天意要清军得这批粮食，将军中军大帐的下面就是粮仓！"

* * *

/ 南疆烽烟 /

　　元、明时期，南疆属于成吉思汗次子察合台建立的叶尔羌汗国。清朝初年，准噶尔部首领噶尔丹发兵灭了叶尔羌汗国，另扶持回教头目伊达雅图勒为南疆首领，称阿帕克和卓（意为世界之王）。噶尔丹死后，伊达雅图勒的两个孙子布拉尼敦和霍集占趁乱兴兵，企图摆脱准噶尔的统治。准噶尔发兵再度征服了南疆，并将布拉尼敦和霍集占扣为人质，囚禁于伊犁，同时强令数千南疆人到伊犁屯田。

　　乾隆二十年（1755年），清朝灭准噶尔后将布拉尼敦和霍集占释放，并让他们重回南疆统领旧部。南疆人奉他们分别为大、小和卓木（意为圣裔）。小和卓木富于野心，想摆脱清朝统治，谋求独霸南疆。大和卓木说："从前，你我兄弟被准噶尔囚禁，吃尽了苦头，如果不是清军解救，如何能回归故土重作首领？现在，我们怎能与自己的恩人为敌呢？况且回疆兵微将寡，当年准噶尔都打不过大清，现在又凭什么对抗消灭准噶尔的大清呢？"小和卓木说："你我被准噶尔囚禁多年，今天才获自由，如果又归附清朝，凡事都得听人家摆布，这和当准噶尔人的囚徒又有什么区别呢？你说得没错，清朝是比准噶尔强大，但距离我回疆路途太远。若派兵来对付我们，他们的粮食供给将很难保障。一支没有粮食的军队又奈我何？"乾隆二十二年（1757年），大、小和卓木杀死清朝大臣，宣布反清。

/ 黑水遭困 /

消息传到北京，乾隆任命都统雅尔哈善为靖逆将军，率兵征讨。

雅尔哈善率1万清兵攻打大和卓木固守的库车，连攻数日，难以破城，于是将城四面围住，欲等其粮尽自毙。小和卓木闻讯后率兵来援。大和卓木突出重围，逃往喀什噶尔，小和卓木则奔往叶尔羌。

乾隆传旨将雅尔哈善革职，命刚刚平定北疆的定边将军兆惠领兵继续平叛。兆惠本打算将各路人马调齐后再进兵，但乾隆是个急性子，不停地催促出兵。兆惠只得命副将富德驻守阿克苏，自己率3000人进攻叶尔羌。

叶尔羌城周长有10多里，兆惠由于带兵太少，无法展开进攻，只能在城东的黑水河畔结营待援。小和卓木实施坚壁清野之策，将城外的庄稼全部收割，将民众全部迁入城内，使兆惠在当地得不到粮食补给。不久，清军缺粮。兆惠发现黑水河对岸有牧群，便想夺过来充作军食。恰好黑水河上有一座木桥，兆惠便带领1000兵过桥去夺牲畜。其实这一切都是小和卓木导演的诱敌之计。清军刚过去400多人，小和卓木便率兵冲出城外。过河的清兵难以抵挡，立时四散。

小和卓木下令用钩索拉断木桥，使后方清兵无法过河救援。清军伤亡惨重，总兵以下5名高级将领战死，兆惠只带少量残兵泅水逃回大营。此后，兆惠不敢再轻易出战。

/ 掘地得粮 /

小和卓木率兵渡过黑水，以数倍兵力将兆惠层层包围。不久，清兵彻底断粮。兆惠对部下说："与其坐以待毙，不如强行突围，如此或有一线生机。"忽然有人来报,说营外来了一个南疆人要见兆惠。兆惠命将来人带入大营。来人说:"我是叶尔羌城阿奇木伯克鄂队的密使。"兆惠问:"鄂队伯克叫你来有何贵干?""给将军送粮食!"兆惠一听此话不觉睁大了眼睛。

来人接着说:"我家伯克大人料到,将军断粮,必会突围。但以目前军力对比,将军突围必将全军覆没。我们伯克大人不愿跟着小和卓木与大清为敌,因而想献出多年积攒的粮食,以助将军暂度危难。"兆惠一听大喜:"鄂队伯克深明大义,叛乱平定之后,本将军一定为他请赏。但你所说的粮食现在哪里?""就在将军脚下!""哦?"来人看到兆惠疑惑的神情,笑着说:"我回疆人素有挖地窖藏粮的习惯。当初为应对准噶尔人的抢掠,我们伯克大人在地窖里藏了一大批粮食。也是天意要清军得这批粮食,将军中军大帐的下面就是粮仓!"兆惠掘地得粮,继续坚守,但吃水又成了问题。清军原来在营地打了几口井,但不久井水就用完了,再打井却滴水不见。兆惠忧虑万分,危机时刻,小和卓木亲自送来了水源。

事情是这样:小和卓木见清军不仅没有被困住,反而挖到了粮食,日子过得好像还挺不错,于是就打算挖开黑河水来淹清军。但清军驻地是一大片宽敞的斜坡,小和卓木不但没有淹到清军,反而给清军送去了宝贵的救命水。就这样,兆惠的"黑水营"坚守了3个月之久。

再说富德集结大军之后,率3万清兵来支援兆惠。小和卓木自知难敌,率部逃向大和卓木占领的喀什噶尔。兆惠与富德合军一处,紧追不放。

喀什噶尔叛军看到取胜无望,纷纷出城投降。大、小和卓木又放弃喀什噶尔,仅率400残兵逃入巴达克山。不久,巴达克汗将大、小和卓木擒杀,献于清军。至此,南疆彻底平定。

从因俗而治到乌什起义

□ 王宝琦

清政府虽然在南疆实施轻徭薄赋的政策,但个别驻疆大臣和维吾尔族官员仰仗天高皇帝远,在当地胡作非为。乌什城派驻大臣素诚就和该城阿奇木伯克阿卜都拉狼狈为奸、横征暴敛,从而引发了乌什起义。

* * *

/ 因俗而治 /

南疆平复后,乾隆决定对这里实施因俗而治。

南疆共有31城,分布于塔克拉玛干大沙漠边缘的片片绿洲之上。这些城市的管理体制是这样的:各城互不统属,每城有1名城主,叫阿奇木伯克;有1名副城主,叫伊沙罕伯克;下面还有众多小伯克,如管理租赋的商伯克、负责征税的阿尔布巴伯克、管理水利的密喇布伯克、管理田宅的本特斡里伯克等。乾隆决定承袭和利用这一套比较完整的行政系统,作为清政府治理南疆的地方机构。因各城大小不一,清政府把它们分为三等:叶尔羌、喀什噶尔、阿克苏、和阗、乌什、库车为6大伯克,其次如英吉沙尔、辟展、沙雅尔、赛里木、拜城、库尔勒、塔什巴里克等25城为中小伯克,"俱给予阿奇木伯克图记,其大城图记分寸视内地佐领,中小等城以次递减",其品级由三品至五品不等。这样,这些阿奇木伯克就由原来自行其是的城主变成了听命于清朝中央政府的地方官员。

清政府又在南疆设参赞大臣、帮办大臣、办事大臣、领队大臣等分驻各城，加强管理；还规定各城阿奇木伯克轮班入觐汇报政情。为争取维吾尔族官民的支持，清政府还一再减轻当地赋税。税额之低，不到旧额的1/10，即每年征粮1.8万石、银6千两。

/ 乌什起义 /

清政府虽然在南疆实施轻徭薄赋的政策，但个别驻疆大臣和维吾尔族官员仰仗天高皇帝远，在当地胡作非为。乌什城派驻大臣素诚就和该城阿奇木伯克阿卜都拉狼狈为奸、横征暴敛，从而引发了乌什起义。

阿卜都拉是哈密郡王玉素布之弟，因协助清军平定大、小和卓木有功，被封为乌什城阿奇木伯克。阿卜都拉性情残暴，对民众动辄鞭责凌辱，并多方勒索财物，他的随从也假借其势作威作福。据起义发生后被清军俘虏的维吾尔族人说："驻扎大臣等从前派出屯田回人前往伊犁，所购马匹牲畜及采买官粮，均未给价。又将瘦羊400只，每只令回人交价4两，此项银两俱系哈密回人侵蚀。"清政府派驻乌什的办事大臣、副都统素诚，不但不约束阿卜都拉的暴行，反而任意"奸淫妇女，科派群众"，最终导致了起义的发生。

当时，素诚征调民众向济木得地方运送沙枣树，"将伊子派出押运，沿途行李，俱令回人背负，以致所派之人甚多，并将小伯克赖和木图拉亦行派出。而赖和木图拉之妻，从前又曾被素诚留宿，因此蓄有嫌怨，遂至作乱"。1765年2月14日夜，赖和木图拉率240名民众起义，攻打乌什城衙署。素诚和阿卜都拉闻讯后跑到附近的山上，被起义民众包围。素诚自杀，阿卜都拉投降。

驻阿克苏办事大臣、副都统卞塔海闻讯后率500清兵赶往乌什。当地民众开城迎接清军，但卞塔海不问青红皂白，命令见人就开枪，"至第三日用炮攻打城门，回人始行出拒"。乌什起义本来是一次突发事件，素诚已死，如果卞塔海再行安抚，本可迅速平息。卞塔海却把事态扩大，使参加起义的民众迅速增加到了2000多人。起义军占领乌什城，并派出使者到安集延、霍罕等地进一步策动起义。

起义发生后，南疆各城不明真相的民众纷纷准备响应，但被一批清醒的维吾尔族官员阻止。如叶尔羌城阿奇木伯克鄂对的妻子叶依木当时正在库车，得知消息后，骑上快马，用5天5夜的时间赶回叶尔羌，大摆酒席，把准备响应起义的小伯克诸阿浑、爱曼等召到公署，晓以利害，又让歌女劝酒把他们灌醉，再暗中派人收缴了他们的武器，把马匹驱赶到百里之外，使得"人心始定"。再如阿克苏伯克达墨特正值轮班入觐北京，行走至肃州时听到乌什起义的消息，立即策马7昼夜返回阿克苏，"城中乃不敢动"。

3月初，伊犁将军明瑞领兵将乌什城合围。为安定人心，他奏请乾隆将两名胡作非为的驻疆大臣军前正法。6月，起义首领赖和木图拉在守城时被清军射死，城中又缺乏粮食，起义军试图突围没有成功。8月15日，清军攻下了乌什城。

/ 改革 /

起义被镇压后，乾隆指示明瑞与尚书阿桂、吐鲁番郡王额敏和卓等人反复研究，对治理南疆的办法进行了改革。

原先，按照南疆各城旧制，"以阿奇木伯克总办事务"，日久权重，任用私人，易与下属和民众发生冲突。改革后规定，阿奇木伯克遇事要先与具体承办的小伯克商议，由小伯克提出具体方案后，再与伊沙罕伯克（副城主）会商；如阿奇木伯克揽权独办，其他小伯克有权向驻扎大臣控告。

在税赋方面，以前，维吾尔族民众每年应办的赋役，一律由伯克指派，也不提前通知，因而弊端很多。改革后规定，由办事大臣将赋税标准以印文公布，如有不遵守定额滥征者，允许民众揭发检举；每隔一年，由办事大臣核查一次户口，以确定赋税是否真实合理并予以调整，如出现欺瞒作假等情况，则将阿奇木伯克治罪。

以前，各城每年向民众派征4000至5000腾格不等的银子，用于各级官吏的办公费用。改革后规定，上至办事大臣和阿奇木伯克，下至普通吏员，不得以任何名目向民众乱收钱财。对于从当地选拔的协助办理公事的维吾尔族人，则由政府划出一定土地使其无偿耕种，以该地所产作为报酬。

雍正改土归流巩固西南

□ 王宝琦

雍正四年（1726年）春，广顺土司不服管理，发兵与清军对抗，并烧毁了清军营房。云南巡抚兼云贵总督鄂尔泰用兵平复了叛乱，并在贵州长寨设厅驻兵，震慑其他土司。与此同时，鄂尔泰上疏奏请改土归流，建议将当地土司制度变为流官建制。

* * *

/ 土司概况 /

清朝初期，我国西南地区分布着20多个少数民族，这些民族都具有悠久的历史。由于其较之内地生产力水平相对低下，再加上特殊的自然地理条件和生活方式，历代封建王朝都对这里采取特殊的方式加以统治，其行政体制和内地差异很大。唐、宋时，实行羁縻州制，虽设州县，但长官由其部落首领担任，而且世袭，此即土司制度的雏形。元、明两代在原有制度的基础上制定了一系列有关土司承袭、贡赋、征调、奖惩的法规，从而使土司统治进一步制度化。清朝入主中原之初，为稳固新政权，对西南少数民族地区仍沿用旧制，对以前的土司一律承认。

康熙中后期，四海平定，西南地区与内地联系进一步加强。由于内地人口的南迁，西南地区的民族成分变化很大，不同民族杂居在一起，互通有无，进行贸易，有时也有通婚。经济发展的一体化进程要求打破少数民族地区与内地的界限。但土司制度的存在极大地限制了这种交往。

雍正登基后，土司制度的弊端进一步暴露。土司割据一方，为所欲为，严重阻碍了经济的发展和社会的进步。

/ 国中之国 /

土司制度的危害主要表现在以下两个方面：

一是土司反叛和相互间的争斗。土司制度本身就具有割据色彩。这种制度的实行，使土司的势力得到了很快的发展，出现了许多大土司，如云南丽江木氏、车里刀氏，贵州水西安氏，四川乌蒙禄氏，湖广永顺彭氏、容美田氏，广西泗城岑氏，等等。这些土司管辖的范围有百里甚至千里之多，统领的兵众数万至数十万，还自设官吏、监狱和法庭，名义上虽归中央管辖，但实际上是国中之国。土司势力膨胀，有的就公然发动叛乱。如康熙四年（1665年），云南迤东土司禄昌贤、王耀祖叛乱，兵至数万，先后攻陷临安、蒙自、宁州、宜良等多处城邑，一时危及几乎整个云南的安宁。除不断发动叛乱外，各土司之间或一个土司内部，为争夺土地或世袭地位，动不动就出兵数千至数万，甚至若干土司结成联盟，在更大范围内互相残杀和掳掠。如雍正三年（1725年），湖广容美土司与桑植土司联合进攻保靖土司，焚劫村寨60多处，掠走男女千余人。

二是对百姓的压迫和盘剥。土司首领在其辖区内拥有绝对权力，把土民看作牲口一般，任意买卖，甚至敬神、祭祖、立界碑都要杀"土民"做祭品。土司以上交赋税为名，向土民征收重税以及"火坑钱""锄头钱"等杂税。雍正三年（1725年），云贵总督高其倬在上奏汇报云南姚安府土同知抢占民地的情况中说道姚安府大姚县苴却、十马等地，方圆300里，农户很多，土地丰饶。土同知高厚德以进京为名加派土民各种费用银5000两。土民拿不出，他就带人强迫其写下卖地的契文。他还贿赂当地流官，自行征收钱粮。湖广土司抢占土地的现象也十分严重，被抢占的土地不仅有土民的，也有当地汉人的。如容美土司田氏所抢占的土地遍布石门、澧州、宜都、枝江等州县。除各种税赋外，土司还向土民征发沉重的徭役，如贵州土民的徭役是内地汉民的10倍。

改土归流

雍正四年（1726年），贵州土司的一起叛乱事件为清朝实施改土归流提供了机会。这年春，广顺土司不服管理，发兵与清军对抗，并烧毁了清军营房。云南巡抚兼云贵总督鄂尔泰用兵平复了叛乱，并在贵州长寨设厅驻兵，震慑其他土司。与此同时，鄂尔泰上疏奏请改土归流，建议将当地土司制度变为流官建制，并提出了"计擒为上，兵剿为下"的用兵策略。很快，这一建议得到了雍正的批准。

这年六月，鄂尔泰发兵活捉镇源土司刁瀚、沾益土司安于蕃，在当地设立镇源州和沾益州；同年冬，在四川驻军的协助下，鄂尔泰发兵征讨乌蒙土司，获胜后在当地设乌蒙府和镇雄州；雍正五年（1727年），鄂尔泰发兵征服广西泗城土司岑映宸，把南盘江以北划入贵州省，设立永丰州、泗城府。到雍正八年（1730年），鄂尔泰通过用兵征讨、驻军震慑、安抚等措施，使云南、贵州、广西、四川、湖南、湖北六省的改土归流得到了全面推行。

改土归流后，清朝取消原有的土司世袭制度，设置厅、州、县等地方政权，由吏部统一派遣流官进行治理；变革原来的赋役方法，废除土司征收制度，参照内地的赋税标准，由各家申报田产，然后按亩征收银两，无田的土民不再交税；取消原来土司的土贡，对土司强行购买的土地，由土民以原价赎回；没收土司田产，土地分给士兵，每人30亩，实行军屯。

改土归流的推行，促进了当地经济社会发展，巩固了清朝政权。

乾隆免赋设屯永定苗疆

□ 王宝琦

乾隆的免赋设屯，对苗疆的发展和安定起到了积极的作用：引种了小麦、高粱、小米、黄豆、芝麻等品种；广栽茶、桐、蜡等树，增加了经济作物的种类；兴立场市，方便苗民生活，增加其经济来源……

* * *

/ 古州民变 /

雍正四年（1726年）至雍正九年（1731年），清政府在贵州推行改土归流，收复苗民4万户，辟地两三千里，几乎占到了贵州全省面积的一半。苗疆改土归流，于国于民都是件好事，但时隔不久却引发了民变，这是为什么呢？就苗民而言，清政府规定的赋税虽然远远少于原来土司强加于苗民的土贡，也低于内地税额，但当地官吏在实际操作过程中并没有严格执行这一政策，随意加重苗民负担的事时有发生。同时，清军短时间内在当地修城、建署、筑碉、开驿，大量无偿役使苗民，引发苗民强烈不满。尤其是清兵在以前镇压苗民反抗时烧毁苗寨、滥杀无辜，更是积累了仇恨。就土司而言，改土归流剥夺了他们的特权，伤害了他们的利益，他们对清政府的仇恨可想而知。

雍正十二年（1734年）七月，黎平人包利窜到苗疆腹地古州，以"苗王出世"相号召,为叛乱制造舆论。当时,清政府刚在古州设立衙署,下派的官员滥征苗民修建城池,一时间官民矛盾紧张。次年二月,包利聚集八妹、高表等寨2万余人起事,凯里、施秉、黄平、清平、余庆、镇远、思州等地苗寨纷纷响应,叛乱很快蔓延到了整个苗疆。

消息传到北京,雍正紧急召开办理苗疆事务大臣会议,筹划用兵事宜:任命刑部尚书张照为抚定苗疆大臣,全权负责用兵事宜;任命贵州提督哈元生为扬威将军、湖广提督董芳为副将军,急调云南、四川、湖南、湖北、广东、广西6省清军入黔会剿。

但是,张照对改土归流持反对态度,对会剿之事消极观望;哈元生与董芳又发生内讧,互相掣肘。同时,副将军冯茂诱杀已降苗众600余人,引起苗民更加坚定的反抗。因而,清军云集数月,平叛毫无进展。

八月,雍正驾崩,乾隆继位。

/ 乾隆用兵 /

乾隆继位后立即采取措施挽救危局。一是紧急易帅。下旨将张照、哈元生、董芳等人革职查办;命湖广总督张广泗为七省经略,总理苗疆事务。二是剿抚兼施。指示对于承头之人和顽固分子必须坚决镇压,以彰示国法;对于依附、胁从之人则要宽大处理;对于投诚苗众要给予妥善安置。三是纠正舆论导向。自改土归流以来,苗疆反复发生叛乱,雍正驾崩前已对这一国策的必要性和正确性产生了怀疑。雍正死后,"弃置论"充斥朝野,代表人物就是张照。所谓弃置,也并非将苗疆弃之不顾,而是使之回归到改土归流以前的状态。乾隆认为巩固国家政权和统一乃是大势所趋,"弃置论"纯属因噎废食,改土归流的正确方向必须坚持。

张广泗贯彻乾隆的指示,采取先抚"熟苗"(已部分汉化的苗民)、后捣"生苗"(土生土长的苗民),战守合一、以整击散的策略,兵分三路,步步紧逼,终于在次年九月彻底平定了民变。

免赋设屯

民变平定后，如何治理苗疆，使其永保安宁，则是一件更加重大和复杂的事情。为此，乾隆采取了以下3项措施：

一是永除苗赋。乾隆元年（1736年）七月初九颁发圣旨："当初所定粮额，本属至轻至微，不过略表苗民向化输租之意。不料苗变发生，危害人民，因而发军征剿。苗民皆吾赤子，须加意抚恤。而苗人纳粮，正额虽少，但征之于官，收之于吏，繁杂之费，恐转多于正额。只有将正赋悉行豁除，使苗民与胥吏终岁无交涉之事，则彼此各安本分。虽欲生事滋扰，其衅无由。令总督张广泗出示通行晓谕，将古州等处新设钱粮，尽行豁免，永不征收。如此，苗民既无官府需索之扰，又无输粮纳税之烦，各自耕田凿井，俯仰优游，永为天朝良顺之民。"

二是尊重苗民风俗。乾隆规定：今后"生苗"中一切自相争讼之事，俱照苗例完结，不必绳以官法；至于"生苗"与汉族兵民及"熟苗"争执的案件，官员必须秉公酌理，不得生事扰累。

三是设立军屯。乾隆元年（1736年）十一月，张广泗上疏，请求将原来在平叛中绝户的苗民田地分给汉民耕种。乾隆认为此举不妥，建议将这些田地设为军屯，让兵丁耕种。

对于设立军屯一事，很多大臣表示反对。两广总督鄂弥达特上疏极言兴办屯田之害。其理由主要有二：一系苗人全靠刀耕火种，无其他营生之业，过去地亩宽余，始获相生相养，如将田收归屯丁，则今后地少人多，不能仰事俯育，必致怨生；二为屯丁不能自耕，仍需招苗人耕佃，苗民以世代田产，供他人之倍收，又为兵丁佃户，久之视同奴隶，既衣食无赖，又兼役使鞭笞，如此下去，他们既不乐生，又何畏死，恐怕不出15年，古州之事复见矣。协办吏部尚书事务顾琮、云南总督尹继善等人也说开设军屯之事不妥，应将这些田地归还给苗民。

张广泗说：用来安设军屯之田，是逆苗内之绝户田产，其人户未绝者，田地仍归己有，并未没收入官开设屯田；屯军必须自耕，不许招人佃种；苗疆未垦之地甚多，即使以后苗民生齿日繁，亦不至无以资生；所设屯田，与苗田相邻者，皆已标明界址，防止屯军越界侵占苗地，并拟酌定章程，不许官兵欺凌苗民。最后，他以身家性命担保，军屯之事绝对不会出现差错。

经过反复讨论，乾隆下决心开设军屯。张广泗在各地安设屯军，总计1万余户；设屯堡100余处，都分布于形势险要之处，既便于屯耕，又便于防守。同时，增设官员，严格稽查屯务；规定军屯征粮数额，上田每亩纳米10升，中田8升，下田6升，每斗加鼠耗3合。

军屯对苗疆的发展和安定起到了积极的作用。苗疆过去从来不种小麦、高粱、小米、黄豆、芝麻等品种。自安设屯军后，地方文武官员设法劝种，不管是军屯还是苗田都有不错的收成。同时，在山上空地广栽茶、桐、蜡等树，增加了当地经济作物的种类。苗疆过去没有市场，屯军兴立场市，吸引商贩前来交易，方便了苗民生活，也增加了他们的经济来源。

乾隆免赋设屯，贵州苗疆逐渐安定了下来。魏源在《圣武记》中说："自是南夷遂不反。"

乾隆一征金川：空耗钱粮无功而返

□ 王宝琦

四川布政使高越在军情报告中说，此前驻军每月粮食供应量2.1万石，傅恒到任后又增加了一批满汉官兵和运夫，每月需再增粮食2万石……战争已经给四川带来了巨大的负担，成都米价昂贵，江南各地也出现了此起彼伏的抢米风潮。

* * *

乾隆十二年（1747年）至乾隆十四年（1749年），清朝发动征金川之战。这是一场耗粮无功的战争。

/ 土司之变 /

今四川省西部，大渡河、岷江上游的嘉绒地区，在明清时期形成了十八大土司同时控制该地的格局，史称"嘉绒十八土司"。大、小金川即其两大主要成员。

小、小金川位于大渡河沿岸，地处青藏高原边缘，绵延千余里，崇山峻岭，峡谷幽深，道路蜿蜒险阻，沿河地方以竹索为桥、皮船作渡，交通极为不便。因此，元、明两代及清朝初年均在此地推行土司制度，实行羁縻管理。

这一地区阴寒潮湿，农作物只有荞麦、青稞等，百姓生活艰苦。为争夺有限的土地、人口和权力，各土司之间常常互相攻杀。乾隆时期，大金川土司莎罗奔势力增强，野心膨胀。为吞并小金川，他把侄女阿扣嫁于小金川土司泽旺。泽旺对莎罗奔心存戒备，对阿扣不冷不热。阿扣遂与小叔子良尔吉勾搭成奸，阴谋取代泽旺。乾隆十年（1745年），莎罗奔联合良尔吉，绑架泽旺，终于控制了小金川。

对于莎罗奔的这些举动，川陕总督庆复认为纯属土司内部争斗，只要他们不侵扰内地，就不必发兵干预；况且当地山路崎岖、运粮不便，即使用兵，也无绝对胜算。庆复称此为"以番御番之法"。乾隆对这一策略十分赞赏。

但莎罗奔的军事行动并未因此而停止。乾隆十二年（1747年），他又发兵夺取了革布什咱土司和明正土司的地盘，并把战火烧到了清军直接管辖的打箭炉、毛牛等地。清朝驻军被迫反击，结果大败，把总李进廷、游击将军罗长朝受伤，千总向朝选被杀。

这一下，乾隆坐不住了。他急调庆复回京，改任原云贵总督张广泗为川陕总督，令其率兵进剿。

/ 大举征剿 /

当时正值九月，大金川已进入冬季，大雪冰封。乾隆考虑到运粮难度增大，遂建议张广泗移军于向阳平坦处休整，待第二年天气转暖之后再战。但张广泗入川后打了几个小胜仗，收复了打箭炉、毛牛等地，小金川的良尔吉也向其投降，遂产生了轻敌思想。他向乾隆报告说，最多只需两个月就可结束战争。

但是，张广泗在攻打碉寨时遇到了意想不到的阻力。碉寨是大金川地区特有的建筑群。一座碉寨由若干碉楼组成；碉楼高大坚固，分为多层，高度一般不低于10米，多在20米左右，高者可达50米以上；有专门储存粮食、弹药的地方；每层四周都有内大外小的射击孔；楼顶周围建有掩体，并有施放狼烟的设施；碉楼下面设有地下通道，与周围的碉楼相通。碉寨背靠悬崖，面向大江，地处咽喉要道，既是平时居住生活的场所，又是作战防御的工事。

清军以3万多兵力，与总人口不到2万的叛军相持两个多月，只向前推进了不到20里。张广泗又重用良尔吉，让他带领投降的土司兵随同官军作战。良尔吉将下发的粮饷、弹药暗地送给叛军，并将清军行动计划和运粮线路透露给莎罗奔。莎罗奔发兵袭击清军运粮部队，并在地势险要处建碉，切断了清军粮道。清军本来就水土不服，此时粮道一断，更是军心大乱。莎罗奔率军出击，清军大败，损失惨重。

乾隆又命首席军机大臣、吏部尚书讷亲前往大金川督战。讷亲虽身居高位，为官也很清廉，但统兵打仗并不在行。他到达前线后组织了两次大规模的军事进攻，但都以失败收场，还损失了几名高级将领。

/ 耗粮无功 /

此时已是乾隆于十四年（1749年），距开战已经过去了两年多时间，军费开支超过1000万两白银，而前方战事却毫无进展。张广泗与讷亲又相互推诿责任，致使军队指挥混乱。乾隆勃然大怒，下旨将张广泗调回北京正法，将讷亲斩于军前。再派户部尚书兼大学士傅恒往前线负责用兵。傅恒入川后立即捕杀良尔吉和阿扣，同时调兵遣将，准备大举进剿。

这时，乾隆收到了负责后勤工作的四川布政使高越的军情报告。高越说，此前驻军每月粮食供应量2.1万石，傅恒到任后又增加了一批满汉官兵和运夫，每月需再增粮食2万石，这样一来，半年内起码还要向前线运粮25万石，再增军费800万两；战争已经给四川带来了巨大的负担，成都米价昂贵，江南各地也出现了此起彼伏的抢米风潮。看了这个报告，乾隆对形势感到担忧：为了金川一个小小的蛮荒之地，耗费如此庞大的物力、人力，又影响国家的稳定，战争的结果却难以预料，再拖下去，国家还能承受得了吗？经再三权衡，他传旨傅恒实施招抚，尽早结束战争。

与此同时，莎罗奔的日子也不好过。经过两年多的战争，他已弹尽粮绝，难以支撑，遂不断派人向傅恒乞降。最后，在莎罗奔释放泽旺及其他土司、归还所侵夺的土地人口、发誓永不再叛之后，傅恒班师回京。乾隆一征金川之战就这样草草地收场了。

此战，清廷付出了巨大代价：出兵6.3万人，耗银1760多万两，耗米

76万多石、面2万多石、豆类7千多石,耗时2年多,阵亡士兵5000余人,战死大将数十人,斩朝廷大员2人。取得的战果只是遏制了莎罗奔的扩张野心、维持了当地的政治格局,并未给叛军的实力造成致命打击。这给大金川第二次叛乱埋下了隐患。

乾隆二征金川：坚壁清野终全胜

□ 王宝琦

为保证军需，阿桂一面奏请乾隆加强支援，一面遣返多余的士兵，同时传令各土司按一定比例向清军缴纳粮食。叛军每天都有人逃出向清军投降。阿桂从降兵口中得知，守碉的叛军没有吃的，已经坚持不了几天了。

* * *

乾隆三十六年（1771年）至乾隆四十一年（1776年），清朝再征金川。战后，在当地改土归流，驻兵屯田，实现了嘉绒地区的长治久安。

/ 温福战死 /

大金川土司莎罗奔死后，其侄子郎卡继位；小金川土司泽旺年老昏聩，其子僧格桑代行职权。郎卡比莎罗奔野心更大，他把女儿嫁给僧格桑，想与其结成攻守同盟，吞并整个嘉绒地区。

但郎卡的野心尚未来得及实施就病死了，其子索诺木成为大金川新任土司。

乾隆三十六年（1771年），索诺木与僧格桑分别发兵攻打沃日土司和革布什咱土司。四川总督阿尔泰率兵前去调停，没想到大、小金川竟与清军开仗，阿尔泰大败而回。

乾隆将阿尔泰革职，命云南总督温福入川征讨。

温福初战告捷，一举拿下了小金川老巢美诺。僧格桑把老父泽旺独自留在家中，带着妻妾和败军逃往大金川。温福将泽旺解往北京，令四川提督董天弼留守美诺，自己亲率大军前去攻打大金川。

大金川地势险恶，碉楼林立。温福率清军驻扎于木果木，下令强攻。叛军每座战碉大约有10人驻守，而清军每攻下一碉往往要死伤上百人，一连10多天，损失惨重，疲惫不堪。索诺木派人策反小金川降兵，然后率军偷袭美诺。董天弼寡不敌众，战死疆场。紧接着，索诺木又进攻温福粮草驻地。运粮兵无法抵挡，纷纷向清军大营涌去。温福见叛军紧随其后，下令紧闭营门，不许放一人入内。运粮兵面临生死存亡，拼命向内冲击，一时间清营内外乱成一片。索诺木乘乱攻击，弹发如雨。温福中弹，当场毙命。此战，清军阵亡3000多人，随军1700石粮食、500万两饷银、13门大炮、4万斗火药及大量火枪、铅弹被叛军缴获。

/ 攻克勒歪 /

看到战报，乾隆大怒，下旨将泽旺以磔刑处死；命满洲正红旗都统阿桂为定西将军兼四川总督，接替温福负责前线军务。

阿桂率军收复美诺后，于乾隆三十九年（1774年）正月誓师，再次进剿大金川。七月，清军攻到勒歪附近。勒歪是大金川的重要据点，前面有两道设在悬崖峭壁上的关卡：第一道在博瓦山上，第二道在那穆山上。阿桂命海兰察与福康安分别从博瓦山前后两路强攻。经3昼夜激战，在付出惨重代价之后，终将第一道关夺下。在攻打第二道关时，阿桂观察地形，发现那穆山高耸险峻，山顶叛军密密层层，强攻很难奏效；而那穆山西边有一座更高的山峰，山顶有两座很大的战碉，虽然山势更加陡峭，但守碉的叛军却不多。于是，他命海兰察亲率600名敢死队员，乘夜攀上高峰，捣入碉中，全歼毫无防备的几十名叛军，然后将清军大旗插上碉顶。穆那山上的叛军见此人心大乱，清兵乘势杀上山来，又夺了第二道关。

索诺木慑于清军大兵压境，遂设计毒死僧格桑向清军乞降。阿桂要求所有叛军交出武器，听候处置，但却遭到索诺木拒绝。此时，大金川已是秋末冬初，天气转冷，雨雪霏霏，清军进攻和运粮都面临困难。于是，阿桂下令停战休整。

第二年，经过几个月更加艰苦的战斗，清军终于攻破了勒歪。索诺木逃入大金川另一据点噶喇依官寨。

/ 围困噶喇依 /

噶喇依官寨位于一处山梁上，建筑宏大，设计精巧，暗碉、暗道网络密布，互为连通，再加上周围险要的山势，可谓一夫当关、万夫莫开。这里是大金川的老巢，也是索诺木最后一个据点。

乾隆四十年（1775年）十月，阿桂率军攻到噶喇依。鉴于前一阶段的攻坚战清军损失较大，阿桂决定对叛军实施围困。为防索诺木从水路逃走，在流经噶喇依的若水上游，阿桂紧贴水面连筑几道浮桥，筑碉设卡，昼夜巡查。对于主动投降的大、小金川叛军，除一些重要头目外，其余的分别发往其他土司安插，并给予其土地，使其安心生产，勿再生乱；传令嘉绒地区所有土司，一旦有金川土司或叛军逃窜到其领地，要立即捉拿并绑送清军大营，如敢藏匿、援助或纵容其逃往他处，那么小金川土司泽旺的下场就是他们的下场。各土司纷纷表示听从。

索诺木困守噶喇依，外援全部断绝。他的母亲和姑姑劝其放弃顽抗，早日出寨投降。索诺木说，清朝8万大军聚集在大金川这一小小的地方，多待一天就多一天的费用，只要咬牙挺住，他们的粮食供应总有一天会难以为继，到时就会不战自退。

为保证军需，阿桂一面奏请乾隆加强支援，一面遣返多余的士兵，同时传令各土司按一定的比例向清军缴纳粮食。叛军每天都有人逃出来向清军投降。阿桂从降兵口中得知，守碉的叛军没有吃的，只能等到夜间偷偷出去掘食草根，寨中已有不少人饿死，已经坚持不了几天了。

次年二月，阿桂认为总攻时机成熟，下令集中火力轰击敌碉，同时挖掘地道，埋藏火药，实施爆破。很快，清军推进到了若水西岸，彻底切断了叛军的水源。索诺木弹尽粮绝，又遭断水之困，已知在劫难逃。他将全部火药埋藏于地下暗道，令女眷出寨诱降，打算在清军入寨之后引爆火药同归于尽。阿桂要求索诺木及手下所有兵丁必须自缚出寨，否则不留活口。

索诺木无计可施,只得带着妻子、大小头目及2000多兵丁出塞投降。乾隆二征金川之战终于宣告结束。

此战,清朝出兵13万人,耗银7160万两、米面296万多石,雇用运粮民夫46万多人,阵亡1.4万多人,伤4万多人,代价之大,堪称空前绝后。同时,叛军也损失惨重,嘉绒地区本来人口就不多(如大、小金川合计约2.5万人),而此战伤亡高达2.7万多人。

战后,清廷在嘉绒地区推行改土归流,在大金川设阿尔吉厅、小金川设美诺厅,直属四川巡抚管辖,同时驻军3000人、设军屯39处。从此,大、小金川及嘉绒地区安定了下来。

滥征苛税疆土沦丧　筹备粮饷西征新疆

□ 王宝琦

面对沦入外敌之手的西北疆土，清政府内部出现了两种主张：以李鸿章为代表的"放弃论"和以左宗棠为代表的"收复论"。最终，清廷命左宗棠督办新疆军务，同时命陕西巡抚谭钟麟等运西征粮饷。

* * *

清朝同治年间，浩罕汗国（包括今哈萨克斯坦南部、乌兹别克斯坦东部以及塔吉克斯坦和吉尔吉斯斯坦部分地区）军官阿古柏率军侵入新疆，占领了天山南北大部分地区，新疆各族百姓陷入了水深火热之中。

/ 危机重重 /

早在阿古柏入侵之前，清朝对新疆的统治就已经危机重重。

清政府派驻新疆的官员向各族百姓滥征苛捐杂税，其名目有正供（向农民征收粮食、布匹等实物）、差役和其他各种赋税。如咸丰二年（1852年），吐鲁番开征棉花税；咸丰六年（1856年），乌鲁木齐开征盐税，伊犁开征商税；咸丰七年（1857年），伊犁、塔尔巴哈台、阿克苏等地开征茶税；同治元年（1862年），乌什私征盐税……南疆农民每年要缴粮食6.6万石、大布14万匹；伊犁的维吾尔族屯田农民税额高达70%。此外，差派徭役名目繁多，如修桥铺路、治河筑城、运送物资、开采矿物以及承担官员、贵族的迎来送往等费用。

甘肃布政使张集馨曾说："各城办事大臣，半系不学无术，而东三省（代指满洲贵族）尤为贪悍，或奸淫回妇，竟不放归；或遇事科求，肆行洒派……京中各门侍卫，为办事大臣，任满回京，无不箱囊充牣……"除清政府及其官吏的盘剥外，当地的王公贵族、宗教头目对农牧民的压榨也十分残酷，"阿奇目伯克贪得无厌，恣意索取。各庄小回，积怨入骨"。

同治三年（1864年），库车地区爆发回族、维吾尔族百姓武装起义。当地封建主和宗教上层头目乘机攫取了起义的领导权，先后在新疆建立了5个封建割据政权。这种混乱局面给远在浩罕汗国的阿古柏入侵制造了可乘之机。

/ 外族入侵 /

同治三年（1864年）八月，喀什噶尔回族封建主金相印引狼入室，派人去浩罕汗国，要求迎回原回疆（即南疆）叛乱分子张格尔的儿子布素鲁克。十二月，浩罕汗国军官阿古柏带着布素鲁克越过边界进入新疆。阿古柏侵入南疆后，于同治四年（1865年）二月赶走当地封建主，强占喀什噶尔新城，接着攻占了英吉沙尔，不久又占领了叶尔羌、和阗；同治六年（1867年）夏，夺取阿克苏、库车；同治九年（1870年）秋，攻占达坂城、吐鲁番、乌鲁木齐和玛纳斯。阿古柏在新疆占领区建立了一个叫作"哲得沙尔"（意为七城）的"汗国"，从而开始了野蛮黑暗的殖民统治。阿古柏对新疆百姓的压榨比清政府和当地封建主更加残酷。农民交纳赋税之后，只剩下收获的1/2，有时只剩下1/4。除正税外，还有名目繁多的附加税，农民变卖土地、牲畜，甚至卖了家中的锅碗来交纳税款。佃农的生活更加困苦，除了要向阿古柏政权纳税外，还要把净收成的3/4交给地主作为地租。乌鲁木齐、玛纳斯一带被攻陷后，更是"严刑厚敛，税及园树"。

当地各族群众大批沦为奴隶。奴隶被任意出售，有劳动能力的每名售价不超过40天罡（天罡是当时流通于南疆的钱币，每天罡约合白银1两）。

弃复之争

面对沦入外敌之手的西北疆土,清政府内部出现了两种截然不同的主张:以直隶总督李鸿章为代表的"放弃论"和以陕甘总督左宗棠为代表的"收复论"。李鸿章认为当务之急是东南海疆的防务,主张放弃西北,移西征之饷做东南海防之用。

李鸿章的主张遭到左宗棠的坚决反对。左宗棠指出,新疆是我国的神圣领土,绝不可弃,况收复新疆与加强海防并不矛盾;当时,西方列强对中国虎视眈眈,只有一战收复新疆,才能使列强不再觊觎东南沿海。左宗棠的主张得到了湖南巡抚王文韶、首席军机大臣文祥等人的支持。清廷也看到"中国不图规复乌鲁木齐……虽欲闭关自守,其势不能",遂下定决心收复新疆。光绪元年(1875年),清政府命左宗棠督办新疆军务,同时命陕西巡抚谭钟麟筹运西征粮饷。

一场捍卫国家主权、收复神圣领土的正义之战即将拉开。

收复新疆,且看左宗棠如何筹粮

□ 王宝琦

左宗棠根据新疆敌情及地理特点,制定了"先北后南""缓进急战"的战略方针,在战争中尤其注重解决后勤补给问题。他一方面努力筹运粮饷,一方面事先命西征军前锋部队统帅张曜驻军哈密兴修水利、屯田积谷。

* * *

兵马未动,粮草先行。左宗棠出兵新疆,首先要保证军粮的充足供应。但是,清政府内忧外患,国库空虚,能拿得出钱来筹办西征大军所需的粮草吗?新疆路途遥远艰险,又如何将大批粮草运达前线呢?且看左宗棠是如何解决这一系列难题的。

/ 购粮 /

当时,河套及河西走廊地区是距离新疆最近的两大产粮地。左宗棠决定分北、南两路在这两个地方筹集军粮。北路于归化(今呼和浩特)设西征采运总局,于包头设分局,在内蒙古、宁夏两省开辟粮源,采购粮食,仅光绪元年(1875年)三月至五月就向巴里坤运粮40余万斤。南路于凉州(武威)、甘州(张掖)、肃州(酒泉)等地设立粮台,从同治十二年(1873年)至光绪三年(1875年),共采购粮食1800多万斤。当时,左宗棠坐镇肃州,肃州粮台储备的粮食，除转运新疆以外，常年保持在300万斤以上。

左宗棠还与俄国参谋部军官索斯诺夫斯基签订了一个500万斤的购粮合同，约定由斋桑淖尔（南距塔城256公里）包运到古城，粮价与运费合计37.5万两白银，计划当年先运到200万斤，第二年再运足300万斤。不过，左宗棠从一开始就立足于自己解决军粮问题，对俄国人提供的粮食仅视为一种补充。

/ 运粮 /

负责肃州粮台的户部侍郎袁保恒赶造了一批大车，准备从肃州向巴里坤运粮，但这一方案被左宗棠否决了。因为一辆大车的运载量最多为600斤，而由肃州至巴里坤需30日运程，600斤粮食连牲畜饲料和民夫口粮都不够。更何况途中还要翻越天山，满载军粮的大车根本难以行动。左宗棠主张关内（玉门关以东）以车、驼运为主，关外以驼运为主。为此，清军在凉州到肃州之间共征用大车5000多辆，在肃州到北疆各处共征用骆驼29000多头、驴骡5500多头。除此之外，西征将士每人再背运一部分军粮。

为提高运粮效率，左宗棠积极利用民运。他说："转运一节，固非借资民力不可。"借助民力，就要爱惜民力。左宗棠指示各军，在处理官民关系上，宁可官军吃亏，也不能让百姓吃亏，尤其严禁强征百姓牲畜或车辆。

经多方努力，到光绪二年（1876年）军事行动即将开始时，运至前线巴里坤、古城、安西、哈密等地的粮食已达2400多万斤，同时还有1000多万斤在运输途中。

/ 屯田 /

为保证军粮的充足供应，除征购粮食，左宗棠还指示各路防守部队开展军屯。他说军屯有4大好处："各营勇丁吃官粮做私粮，于正饷之外又得粮价，利一；官省转运，利二；将来百姓归业，可免开荒之劳，利三；又军人习惯劳苦，打仗更力，且免久闲致生事端、容易生病，利四。"为调动士兵屯田的积极性，他强调屯田要严格管理，赏罚分明，兼顾国家、军队和百姓3方面的利益。张曜统领的"嵩武军"在哈密屯田，当年开垦荒地2万多亩，次年收获军粮数千石，可供该部半年之需。

在兴办军屯的同时，左宗棠又积极鼓励民屯。他认为，要办好民屯，就要让百姓有利可图；只有把民屯办好了，垦地增加了，军粮才能有保障。屯田之首在于水利。为此，他采取官方出钱、百姓出力的办法在新疆各地修建水利设施。例如，在修复哈密已废的石城子渠时，他拿出4万两经费赶制1万条毡用于铺衬渠底，以防渗水。张曜原来规定，百姓借种子1石，秋后要交粮4石。左宗棠认为这一办法绝不可行，规定以后农民借粮，借多少则还多少，而且耕牛、农器的出借也要向农民让利。这些措施赢得了当地各族百姓的心，为清军开展军事行动创造了有利条件。例如，在后来收复达坂的战役中，清军委托当地少数民族头目采办粮料、柴草等物，他们"均能督率回众，办理无误"；刘锦棠进驻乌苏时，当地锡伯族民众更是主动把粮食运到军营，以供军需。

/ 筹钱 /

购粮、运粮，军屯、民屯，样样都得花钱，再加上武器和其他物资，左宗棠统领的7万大军，一年至少需要800万两军费。但中国当时内忧外患，割地赔款，财政入不敷出，而且李鸿章发展北洋海军也需要大笔军费，清政府根本拿不出这么多钱。经反复商议，最后决定，由户部拨款200万两，各省协助饷银300万两，同时准许左宗棠向洋人贷款500万两，一共凑足1000万两。当时，左宗棠为了筹钱急得快要吐血了。听到这个决定，他一时竟感动得老泪纵横。

朝廷拨付和各省协助的饷银倒不需左宗棠多操心，但向洋人贷款却得他自己想办法。为此，左宗棠委托胡雪岩在上海成立专门机构办理此事。光绪元年（1875年）至光绪七年（1881年），胡雪岩共借外债4次、计1375万两。洋人知道左宗棠急用钱，于是大敲竹杠，所定年息高达10.5%，使利息总额超过了贷款金额的一半。尽管如此，这笔款必须得借，否则西征军的后勤保障就无法实现。

为了使来之不易的军费都花在刀刃上，左宗棠对西征军进行整顿，惩治悍将，裁减冗兵。例如，乌鲁木齐提督成禄名下有兵17营而实际只有6营，乌鲁木齐都统景廉所部号称34营而实际只有17营，虚增的人数都让他们吃了空饷。左宗棠奏请清政府将成禄撤职查办，将景廉调回北京。

一切准备到位之后，这场反抗侵略、收复新疆的战役于光绪二年（1876年）夏天打响了。

筹粮备战一年半　引得春风度玉关

□ 王宝琦

收复新疆的过程中，真正打仗的时间总计不超过8个月，而战前及其间的筹粮备战工作则长达1年半。每收复一地，左宗棠就立即指示前方将领招恤流亡、恢复屯田、奖励开垦、修治道路和水利，使百姓生活和社会秩序迅速安定。而从包头、肃州到新疆各地，形成了长达数千里的粮食运输线，节节呼应……

* * *

"大将筹边尚未还，湖湘弟子满天山。新栽杨柳三千里，引得春风度玉关。"这是光绪五年（1879年）帮办甘肃、新疆善后事宜的杨昌濬为左宗棠所赋的诗句，歌颂了他带领清军收复新疆的历史功绩。

/ 古牧地之战 /

左宗棠坐镇肃州，在哈密、巴里坤到古城一线集结了7万大军，准备先收复北疆重镇乌鲁木齐。

要收复乌鲁木齐，首先要拿下古牧地。古牧地位于乌鲁木齐东北数十里。当时，阿古柏在乌鲁木齐、玛纳斯、古牧地一带部署了大约1万人的兵力，由内地叛逃而来的白彦虎统领。白彦虎将大部分兵力驻扎于古牧地。左宗棠指示进驻古城的刘锦棠、金顺一定要在保障军粮的前提下相机破敌:"决计必俟古城存粮,稍有赢余,然后再进,进则裹一月行粮趣战。计时将近新秋,前途有粮可因。军食有资,而后路之粮亦集,于局势乃稳。"光绪二年(1876年)六月初八,刘、金两军进抵阜康。阜康到古牧地有一条100多里长的大路,但中途有50里全是沙漠,水源仅甘泉堡有一口枯井,即使重新开凿,最多只能供100人一日之需。

白彦虎在距此路途中不远的黄田驻扎重兵,欲等清军人困马乏之际突然出击,收以逸待劳之功。刘锦棠询问当地百姓,得知另有一条小路也可达古牧地:溯黑沟河而上可到黄田;黄田附近有积泉,可供大军之需;黄田以西为平原,可直通古牧地。

刘锦棠决定"明修栈道,暗度陈仓"。20日,他派出一些士兵在甘泉堡大挖枯井,寻找水源,装出要从大路进军的样子。大军则于21日晚秘密出动,沿黑沟前进,直插黄田。22日黎明时分,清军占据了黄田北面的山岗,居高临下,突然发起进攻。黄田敌军从梦中惊醒,仓促逃往古牧地。

23日,清军将古牧地四面围住。

24日,阿古柏从达坂派来1000名骑兵援助白延虎,但被清军击溃。28日,清军以大炮轰塌古牧地城墙,杀入城内,歼敌数千名。翌日,清军又乘胜追击,一举收复了乌鲁木齐。

与此同时,其他几路清军经过3个多月攻坚战,又收复了乌鲁木齐以西的玛纳斯。至此,盘踞在北疆的敌军被基本肃清。

/ 达坂之战 /

得知清军收复了乌鲁木齐一带,阿古柏十分恐慌。他调集军队,连同从北疆败回的白彦虎残部,共约27000人驻守于达坂、吐鲁番和托克逊三地,企图凭借天山之险阻止清军南下。同时,频繁袭扰清军运输线路,使巴里坤至古城的粮道中断了20多天。

达坂是连接新疆南北的主要通道,能否攻克达坂,关系西征全局。左宗棠认为,严冬已至,前线将士疲惫,甚至患病,而后方转运的粮草一时难以到齐,故决定准备粮草,休整军队。

次年3月,左宗棠命金顺率1万人驻守玛纳斯,命刘锦棠率湘军由乌鲁木齐南下，张曜率"嵩武军"、徐占彪率蜀军分别从巴里坤、哈密西进，共计2万兵力，向达坂发起钳形攻势。

达坂敌军为阻止清军南下，将白杨河、黑沟河水引入城北的沼泽中，致使淤泥深及马腹。但这并未能阻止清军的进攻。清军趁大雾掠过沼泽，于三月初三占领了达坂城外两处高岗。次日黎明，大雾退去，敌人发现清军，仓促应战。清军居高临下，火炮齐鸣。当时又起大风，风助火势，火借风威，一时间城内一片火海，敌军大乱。清军以伤亡168人的代价，一举攻克达坂，毙敌2000多人，俘虏1200人，缴获战马800匹、枪炮1400件。

13日，清军又攻克了托克逊和吐鲁番，从而打开了由北疆进入南疆的通道。

/ 收复南疆 /

达坂、吐鲁番、托克逊之役共计歼敌2万多人，约占阿古柏总兵力的一半。战后，敌军爆发内讧，阿古柏在库尔勒被部下杀死，其次子海古拉运送阿古柏尸体去喀什噶尔途中又被其同胞兄伯克胡里设伏杀死。匪军树倒猢狲散，原来投降阿古柏的南疆封建主都宣布投降清军，当地百姓也纷纷拿起武器袭击匪军。

形势对清军南下十分有利。但为保万无一失，左宗棠还是决定把收复南疆的战役推迟到秋天进行。

期间，刘锦棠率军进驻曲惠（和硕东），在此开挖井泉，储备粮草。

敌军已成惊弓之鸟。刘锦棠于8月29日刚一发起秋季攻势，他们就放火烧毁喀喇沙尔和库尔勒，裹挟百姓向库车逃去。清军不战而收复两城。

虽然清军未遇到什么抵抗，但由于道路难行、军粮未能及时运到，依然面临断炊的危险。刘锦棠找来当地百姓想办法，竟意外在一处地窖里挖出了当地封建主埋藏的粮食几十万斤。解决了断粮难题后，刘锦棠立即率领精锐骑兵追敌，马不解鞍，人不卸甲，4昼夜连续行军800里，沿途解救出百姓10多万人，库车、拜城、阿克苏等地百姓纷纷打开城门迎接清军入城。

接下来的战事已毫无悬念，清军摧枯拉朽，一路畅通：11月17日收复叶尔羌，20日收复英吉沙尔，22日收复喀什噶尔，29日收复和阗。伯克胡里、白彦虎等带领残兵败将逃出国境。

至此，左宗棠收复新疆之战宣告胜利。

在收复新疆的整个过程中，左宗棠极其重视军粮的供应保障。他坚持"先北后南，缓进速战，稳扎稳打；广储粮草，杜其窜路，相机大举，聚而歼之"的战略战术，三大战役，真正打仗的时间总计不超过8个月，而战前及其间的筹粮备战工作则长达1年半。每收复一地，他立即指示前方将领招恤流亡、恢复屯田、奖励开垦、修治道路和水利，使百姓生活和社会秩序迅速安定。而从包头、肃州到新疆各地，形成了长达数千里的粮食运输线，节节呼应，一路畅通，为清军在前方作战提供了有力的保障。

漕粮海运：道光"下海"一波三折

□ 谭洪安

道光四年（1824年）冬天，因黄河水倒灌洪泽湖，淮安清江浦高家堰大堤溃决，高邮至清江浦一带运河水势微弱，漕船无法通行，京城粮食供应告急。道光皇帝痛下决心，于第二年二月初下旨要求众大臣认真商讨漕粮海运的方案。

* * *

清初厉行海禁，顺治时曾颁令：商民私自下海贸易者，货物入官，人即正法，家产尽给告发之人。康熙元年（1662年），为进一步挤压纵横台海的郑成功抗清大军的生存空间，下达"迁界令"，强迫东南沿海居民内迁数十里。直至康熙二十三年（1684年）台湾郑氏集团归附，才开海禁，但历经雍正、乾隆、嘉庆三朝，100多年里，清廷对民间海上活动的管控从未松懈。

/ 无视"蓝海"贻误先机 /

1855年，黄河改道北徙，困扰淮安城多时的河患自此减轻。但运河北段严重淤塞，让漕粮海运渐成常态，运河之都的命运发生重大转折。

其实，因黄河水患不断，早已使漕运时通时断。遇到饥荒之年，北方缺粮甚多，一些官员早有借海运以济漕运之议。康熙三十九年（1700年），运河咽喉淮安清口段淤塞，皇帝本人也坐不住了，下旨要大臣讨论海运是否可行。当时的河道总督张鹏翮力主淤塞之处可以疏浚，明年粮船必定通行无误，后来果如其言，海运之议作罢。

雍正时期（1722~1735年），广州知府蓝鼎元鉴于漕运耗费巨大，重提海运之议。他建议借保护海上运输船队之机，控制海上交通要道，提高水师作战能力。他力驳反对派担心"奸商"与"洋船"扰乱中国秩序之说，直指那不过是迂腐书生坐井观天之见。

蓝鼎元乃福建漳浦人，曾参与平定康熙末年台湾反清叛乱之役，事后撰写《平台纪略》一书，提出系统治理、经营台湾的观点。后来，乾隆帝读其著作，曾誉为"筹台宗匠"。以今人视角来看，早在300年前，蓝氏以海运促海军、争海权的战略眼光，确实非常超前，可惜朝中君臣多见不及此，未予采纳。

嘉庆九年（1804年），一度公开反对海运的乾嘉学派领袖、时任浙江巡抚阮元，因洪泽湖水势低弱不足以冲刷河道，淮安黄淮河口淤塞，江南各省漕船至此动弹不得，不得不转而暗中筹办海运。他的计划是在江南筹集海船400余艘，每艘载米1500余石，算上装卸等各种成本，每年往返3次，可比漕船节省2/3的运费。可是正当商船陆续聚集浙江、准备起运之时，北上运河又通畅了，一切只得半途而废。

嘉庆皇帝本人是倾向于海运、漕运并举。他屡次下旨让江浙各地官员试行海运，但从两江总督到江苏巡抚，对推行海运似乎都不热心。

两江总督勒保等官员，甚至上奏力陈海运"不可行十二条"，大意是：海运开销大，风险高；漕运、海运并举，徒增机构人手而无实质益处；等等。嘉庆帝心烦意乱，干脆下令以后不要再谈此事了。

清代中前期的海运之议，之所以长期流于空谈，症结在于大部分中央与地方官员，仍受小农经济、传统意识束缚，对海运的广阔前景缺少认识，将漕运、海运二者截然对立起来。当然，漕运沿线省份的官员每年可从治河、治漕的庞大经费中分肥，漕船往返也给了漕运管理机构官员们上下其手、中饱私囊的好机会。如此复杂的利益纠结，改革怎可轻松推进？

道光"下海"一波三折

道光四年（1824年）冬天，因黄河水倒灌洪泽湖，淮安清江浦高家堰大堤溃决，高邮至清江浦一带运河水势微弱，漕船无法通行，京城粮食供应告急。道光皇帝痛下决心，于第二年二月初下旨要求众大臣认真商讨漕粮海运的方案。

协办大学士、户部尚书英和上奏《筹漕运变通全局疏》，详述海运的可行性，称"海运神速，风顺七八日可到，较河运不啻十几倍"。道光帝见之大喜，遂斥退仍持反对意见的大臣，起用支持海运的琦善（就是后来鸦片战争中因签约割让香港岛而声名狼藉之人）接任两江总督，同样热心改革的原安徽巡抚陶澍则调任江苏巡抚。

陶澍的新团队中，既有江苏布政使贺长龄、江苏按察使林则徐等办事精干的政坛新星，又有眼界开阔的幕僚包世臣、魏源等学者专才。熟悉清朝中后期历史的人都应该清楚，这个以"经世致用"为己任的改革派阵容，是何等"豪华"。

史料记载，道光五年（1825年）六月二十日，陶澍抵达淮安清江浦，视察河漕。时值盛夏，数万运夫烈日下挥汗如雨，扛米翻坝，他见之不禁动容，后来曾作诗记述当日情境："车声辘辘人如蚁，运米漕河无勺水。万竿楚舳与吴樯，涸向湖浒（'浒'意为水边）僵不起。"这一下子，他筹办海运的决心就更坚定了。

在贺长龄、林则徐等人的策划辅助下，江苏率先试行海运。同年九月，两江总督琦善、漕运总督穆彰阿、江苏巡抚陶澍联名上奏《筹议漕粮海运章程六条》，道光皇帝御笔一挥："著照所议办理。"道光六年（1826年）二月初一，即皇帝下旨商议海运的整整一年后，清代有史以来第一次官方海运正式启动。10天之内，每天超过90艘商船前来兑运，共装米粮80万石。以当时的装卸技术而言，速度相当惊人，可见陶澍等一众官员筹划之精、督办之勤。大约一个月里，有不下1000余艘运粮海船，出长江口扬帆北上。随船押运参将关天培抵达天津后，于三月十五日报告称：已查明到岸进口船424艘，后继船只390余艘"不日可来"。

漕粮海运的首航，显然是相当成功的。

道光六年（1826年）的首次海运成绩，朝野上下有目共睹，但仍只是一次应对京师粮食危机的"短期动员式"的行动，未能形成常设制度。道光二十八年（1848年），第二次漕粮海运启动。此时，陶澍、林则徐等官员或已辞世，或被贬黜，漕运派与海运派又一次在朝中激烈争辩。

但自1840年鸦片战争后，清朝既要应对因偿付大量战争赔款而带来的财政压力，又要面临英法等列强抢夺制海权的严酷现实，因而运费较廉、船期较短，且有助于锻炼海上力量的漕粮海运已成大势所趋。

据记载，第二次漕粮海运共拨用船只1400余艘。河海并运使得当年到达京师的漕粮，超出往年50万石以上，主事官员颇感满意。

7年之后，即咸丰五年（1855年），黄河决口，河床改道。左支右绌的清政府，一面忙于对付太平军，一面勉力赈济，根本无力重修运河河道，海运遂成为江浙两省运送粮食的唯一选择，自此渐成常态。同治十二年（1873年），李鸿章、盛宣怀等在上海成立轮船招商局，近代化的轮船加入漕粮海运行列。如今，回过头来看海运与漕运之争，那已经成了一段充满曲折情节的故事了。

清代粮仓印证丝路北道屯垦文化

□ 碧小家

昌吉市有一座清代粮仓，至今默立于宁边故城中。整个建筑系抬梁式土木结构，是昌吉第一代粮仓。据专家考证，此老粮仓初建于清乾隆二十三年（1758年）。也有人考证说，始建于乾隆二十五年（1760年）。当时，昌吉老粮仓储粮22万石。昌吉清代粮仓与镇西清代粮仓遥相呼应，成为丝路北道屯垦文化的两大标志。

* * *

/ 昌吉粮仓的兴建 /

昌吉清代粮仓的初建时间，在《清实录》中缺乏具体记载，后人只能通过对屯垦的文字记载去揣摩、判断。乾隆二十三年（1758年）五月，谕称："唯于乌鲁木齐一带及噶勒藏多尔济游牧之罗克伦（今昌吉市大西渠一带）等处，极宜相度地亩，广为屯种，以济军食。"乾隆二十五年（1760年），清政府在罗克伦和五堡开始进行兵屯，垦地87000余亩。据安泰等奏，这一年收青、黍等谷共94000余石。

关于建粮仓问题，有一份史料可信。据《清高宗实录》称："乾隆二十四年（1759年）十一月甲子，管理屯田副都统定长奏：辟展（今哈密）等五处，屯田收获后积贮应建仓堡……辟展新建仓二十四间……乌鲁木齐二十四间，各筑堡一。"此谕下达，要求乌鲁木齐建24间仓堡，各筑堡一。

其中一定包括昌吉的那一间仓堡。

由此可见，乾隆二十五年（1760年）是兵屯的第一年，昌吉清代粮仓最早应该建立在这一年。

/ 反映昌吉屯垦状态 /

清代吉昌粮仓，说到底，反映的是清代屯垦的状态。

清政府平息准噶尔部叛乱，时断时续，从康熙、雍正，一直延续到乾隆时代。三代皇帝与叛乱者进行了长达七八十年的艰苦卓绝的斗争，终于在乾隆二十三年（1758年），才算彻底平定了叛乱，巩固了西北边陲，促进了多民族的统一和发展。

平息准噶尔部叛乱后，乾隆帝的第一个伟大举措是"屯垦戍边"。

从乾隆二十三年（1758年）至咸丰十一年（1861年），跨越了乾隆、嘉庆、道光、咸丰4个时期，历经100余年。从《清实录》中看得出来，除了叶尔羌、阿克苏、喀什噶尔、伊犁等地有逆贼匪患等记载之外，北疆各地，尤其是昌吉大地上，基本上是祥和宁静的。

从表面上看，《清实录·新疆资料辑录》有10大本书，洋洋400余万字，记载昌吉大地的事却不足一本书。可仔细一看，其他9本书大多记载的是清政府上传下达的对南疆、伊犁、塔尔巴哈台等地的逆贼叛匪以及各种纠纷问题的处理文牍。于是，我们从这些文字中发现了一个问题：昌吉在历史上相对是比较稳定的，昌吉人在和平年代是一心一意搞屯垦建设的。今天的绿洲繁荣，和昌吉人历代专心搞屯垦建设是分不开的。还得感谢乾隆帝，因为昌吉的屯垦基础，正是从他号召屯垦戍边、以优惠政策招募内地人出关认垦之后奠定的。昌吉虽然北靠古尔班通古特沙漠，但因南依天山，依山傍水，自然条件尚算优越。昌吉的屯垦者一锄一犁，开垦着沃野良田，最终使昌吉发展为西域最优美壮阔的绿洲田园之一。

当然，这种祥和与宁静曾经被多次打破过。

从《清实录》中可以看出，乾隆十七年（1752年）至乾隆二十年（1755年），有关昌吉屯垦的记载几乎为零。从乾隆二十一年（1756年）起，《清实录》记载定边右副将军兆惠等派绿旗兵丁屯垦于巴里坤以西诸县奏折开始,一直到咸丰十一年(1861年)几乎没有间断地记载了发生在昌吉的屯垦进展情况。

《清实录》的历史使命结束了,取而代之的《新疆风暴七十年》中的文字变得血淋淋的。战争,这个永远与人民、自然相悖的字眼,除了破坏、破坏、再破坏,还能有什么意义呢?

/ 不得不提芦草沟屯所 /

说到昌吉的清代粮仓,我们不得不提到早年的芦草沟屯所。

清代的昌吉县地界比现在大得多,包括现在的昌吉市和呼图壁县。

《新疆图志·建置志》记载,昌吉县当时有51个村庄,其中大部分地名随着历史的变迁已湮没无闻,仅有少数地名至今还沿用着,如三工、五十户、军户、佃坝、芦草沟、头屯河等。

从乾隆二十五年(1760年)起,设乌鲁木齐和罗克伦屯田村庄。昌吉的兵屯为乌鲁木齐左营地,在头屯河、芦草沟等处设屯所,驻千总一员进行管理,在头屯河等垦地1万余亩。

清代学者祁韵士因故被流放伊犁,于嘉庆十年(1805年)途经小芦草沟。小芦草沟即芦草沟屯所。道光二十二年(1842年),林则徐流放伊犁,曾路过小芦草沟。3年后,林则徐奉命勘察荒地,再次路过芦草沟屯所。他在《乙巳日记》中记载道:"又十五里芦草沟,有土城,此数处居民俱盛。"足见,自乾隆二十三年(1758年)以来,经过80余年的屯垦戍边,芦草沟的屯垦建设已初具规模,并成为旅行者西行途中的一个重要驿站。

民国年间,国民党财政部特派员谢彬、著名考古学家黄文弼等名流途经此地,都记载了这里的屯垦状况。

黄文弼还特意指出,这里之所以被称为芦草沟,是因为多芦草之故。

如今静静地默立于黄昏中的清代粮仓,除了有一截残存的老城墙与其为伴外,它的四周已被现代化的楼群所占据,清代粮仓显得与这个时代有点格格不入。寂寞的清代粮仓待在不寂寞的21世纪的城市中,成了一个局外者。然而,它却以沉默的姿态顽强地坚守着。于是,它成了清代以来最真实的屯垦见证者和时代变迁的目睹者。